Baumgesang und Sternenklang

Die Auflösung der Urverschwörung

Baumgesang
und
Sternenklang

Sardes Andrea Rusch

1. Auflage, 2. Februar 2019

Verlag:
Sardes Andrea Rusch, Riedteilweg 3c,
A-6800 Feldkirch; sardesandrea@gmx.at

Druck:
epubli – ein Service der neopubli GmbH, Berlin

INHALTSVERZEICHNIS

AUFTAKT

Dieses Schriftwerk hält sich weder grammatikalisch noch in Sachen Rechtschreibung an irgendwelche Normen und Gesetze. Für germanistisch Gebildete sicher eine gewisse Herausforderung, da ihr Gehirn hin und wieder melden wird: „das *stimmt* nicht“.

An diesem Wort *„stimmt“* möchte ich hier genauer erläutern, warum das Buch gerade deswegen stimmig ist, weil es an vielen Stellen nicht mit dem offiziellen Sprachsystem konform geht: Stimmen, die Stimme, stimmig: hat alles etwas mit Schwingung zu tun. Es gibt einen gravierenden Unterschied zwischen „richtig“ und „stimmt“. Schön, dass es diese Differenzierung im Deutschen überhaupt gibt. Richtig ist, wenn es sich nach einer vorgegebenen, einer von außen geprägten Norm verhält. Stimmen tut etwas, wenn es bei dir drin etwas erklingen lässt, wenn es stimmig ist, wenn ein innerer Klang auf die vernommenen Worte ertönt.

Am besten sie lassen ihr Gehirn beim Lesen einfach quasseln, das tut es ohnehin gerne und konzentrieren sich auf ihren fantastischen Klangkörper, den sie tragen.

Es gibt heute leider überhaupt keine mir bekannte Sprache mehr, welche die Wirklichkeit ganz stimmig wiedergibt. Aus diesem Grunde ist jeder, der versucht, etwas Stimmiges auszudrücken, gezwungen, sich dem jeweiligen Sprachkäfig etwas zu entziehen, indem er sich jene schöpferische Freiheit erlaubt, um die es in diesem Buch geht.

Ihr Gehirn meldet schon: Die Leser abwechselnd mit „Sie“ und „Du“ ansprechen geht nicht? Doch, es geht. Das haben sie ja gerade gesehen. Was noch alles geht, darauf möchte ich sie neugierig machen.

Lass die Worte los, die du lesen wirst. Genieße die Bewegung, die deine Seele machen wird. Der Tanz deiner Seele braucht keinen Tanzlehrer, denn ihr ureigener Tanz ist es, was sie befreit.

Viel Freude beim Erklingen!

EINKLANG

In der Ewigkeit ist die Liebe zu Hause. Und die Liebe ist in allem. Alles ist Liebe. Die Liebe ist Schwingung, ist Klang und Farbe. Die Liebe ist alles was ist. Die Liebe atmet aus und ein. Je weiter sie sich entfernt oder sich etwas von ihr, umso schwächer scheint ihre Anwesenheit und doch ist sie präsent und holt alles wieder in sich zurück, im nächsten Atemzug. Ein ewiger spiralförmiger Tanz um ihre goldene Mitte in der es keine Zeit gibt. Kein Gestern, noch Morgen, kein War und Wird Sein.

Die Liebe - ewige Schwingung aus der du bist. In der Welt der Täuschung nur zum Schein verbogen und verborgen, doch weder gelöscht noch entmachtet.

Einen einzigen Atemzug der Aufmerksamkeit nah, verankert und alles durchtränkend, schwelgt sie maßlos in allem und durch alles was ist.

ERSTER KLANG

Ich schreibe nur, wenn es mich überkommt. Wie ein Wasserschwall fühle ich mich dann, wogend und wallend, sprudelnd und tanzend, total wohl, irgendwie wie in Trance, gleichsam hellwach. Ich denke auch nicht wirklich nach. Es kommt aus mir heraus, ich brauche nur die Tasten zu bewegen. Es ist in keiner Weise anstrengend, eine Art aktive Passivität, eine Art passive Aktivität. Ich mache zwar augenscheinlich etwas, doch im Grunde genieße ich nur und lasse mich fallen, bade mich in dem was da aus mir raus- oder durch mich durchkommt. Sich fallenlassen, darum geht es auch. Ganz und gar hingegeben sein an und genommen von einem Strom. Ich bin ganz intensiv da und doch irgendwo überhaupt nicht. Es scheint eine Art Meditation zu sein für die ich mich nicht groß anzustrengen brauche. Fließen, darum geht es. Fließen und zerfließen. Eins sein, und das, ohne Anstrengung.

Denn ich bin müde geworden. Müde geworden, jemand zu sein, von dem andere oder ich selbst meine, das sei ich. Schon als Kind fängst du an, dich zu verbiegen, du kannst nicht so sein, wie du bist, ohne anzuecken.

So ist schon mal von vornherein klar: So wie du bist, das geht nicht. Schreien und brüllen, geht nicht. Mit Zwergen und Feen sprechen, geht nicht. Spät ins Bett gehen, geht nicht. Faul sein, geht nicht. Sich im Zimmer verstecken, wenn Besuch kommt, geht auch nicht. Nachts rumtoben geht gar nicht. Zu viele unbequeme Fragen stellen, geht auch nicht. Dafür MUSST du lieb sein, fleißig sein, viele Dinge lernen, die weder interessant, noch wichtig sind und zusehen, dass du in allem den Eltern und möglichst auch allen anderen traurigen Erwachsenen eine Freude machst, mit dem was du tust und zu sein bemüht bist.

Zumindest aber, oder wenigstens aber: Nicht unangenehm auffallen. Zwischen Darf-nicht und Muss eingeklemmt wächst du auf und dieses Beklemmungsgefühl wird immer größer bis du spätestens in der Pubertät fast keine Luft mehr kriegst und froh bist, endlich etwas zu dürfen, was bisher nicht ging: rauchen. Erwachsen in eine Welt voller Verbote, ist dem Reiz von der genehmigten Überschreitung eines bisherigen Verbotes schwer zu widerstehen. Somit spürst du wenigstens endlich wieder mal seit langem, dass du atmest, auch wenn‘s wehtut. Außerdem ist es etwas, was man eigentlich nicht sollte, aber dennoch darf. Das ist eine interessante Mischung. Dazu wirst du dann von Gesetzes wegen legitimiert, Alkohol zu trinken und interessanter Weise stellst du fest, wenn du dem Reiz dieser weiteren Verbotsaufhebung nicht widerstehst: Auch dies ist etwas, was man eigentlich nicht, zumindest nicht im Übermaß sollte und dennoch darf.

Das sind verheißungsvolle Entdeckungen: Vielleicht hat das Leben ja doch noch etwas zu bieten, außer die Bedrängnis zwischen Soll und Darf-nicht auszuhalten zu müssen. Wird dann auch Zeit, so mit sechzehn, siebzehn, wo die Pressluft der vergangenen Kindheitstage dringendst mal raus muss. Also: Kurz bevor uns als Teenies der Kragen platzt, kommt plötzlich das legitime Gift daher, welches diesen Ausbruch lähmt, dämpft und auf jeden Fall in allzu großem Stile verhindert.
Die Gesellschaft sagt den Jugendlichen: „Ehe du unangenehm auffällst, fang einfach an zu trinken oder zu rauchen, aber bitte nur so viel, dass du nicht unangenehm auffällst.“

Dennoch ist es noch eher geduldet, mit alkoholischen Eskapaden aus dem Rahmen zu fallen, als anderweitig auf die Barrikaden zu gehen. Die Jugend ist somit ruhiggestellt und ihr ganzes Potenzial erschöpft sich darin, zwischen Hormonen und Giften zu einem im Großen und Ganzen funktionierenden Mitglied unserer industriellen Leistungsopfergesellschaft hingebogen zu werden, hineingebogen und hineingepfercht. Kaum fängt das jugendliche Vögelchen an zu fliegen, werden ihm die Flügel gestutzt und Substanzen in das kleine Bäumchen geträufelt, um das Wachstum im Rahmen zu halten. Keine allzu großen Äste sollen einmal Lärm machen können in unserer Bonsaikultur.

Und dann bist du ein Leben lang ein Bonsai, der nach Höherem strebt und irgendwann aufgibt, weil er das Gefühl hat, er wird nicht mehr wachsen.

ZWEITER KLANG – IM BONSAIGARTEN

Seine Äste dem wilden Wind hingeben, sie in der Stille der Nacht nach den Sternen ausstrecken, tiefe Wurzeln schlagen und viele bunte Vögel in einer großen wuchtigen Baumkrone beherbergen - all dies sind Dinge, von denen der Bonsai nur träumen kann.

Es geht nicht darum, ein Baum zu werden und zu wachsen, nein, es geht darum ein möglichst entzückender Krüppel zu werden! Da wird mit Verboten und Geboten, mit Zäunen und Giften gearbeitet. Doch erfahrungsgemäß hat ein junger Baum gewaltige Kräfte und Säfte. Es bedarf eines noch machtvolleren Mittels, ihn am Wachstum zu hindern: die Angst.

Angst vor Tintifax, Angst vor dem Ungeheuer, Angst vor der bösen Hexe, Angst vor dem Tod, Angst vor den Psychopathen, Angst vor der Armut, Angst vor der Vogelgrippe, Angst vor dem Alter, Angst vor der Umweltkatastrophe, Angst vor dem Versagen, Angst vor der Schande, Angst vor dem Feind, Angst vor der Wirtschaftskrise, Angst vor der Angst – das tägliche Bonsaifernsehprogramm. Das nennen sie ganz harmlos: Unterhaltungsfernsehen, das Unterhaltungs-programm. Das ganz normale tägliche weltumspannende Verkrüppelungsprogramm für Bonsais Geist und Seele.

„Du Mami, kann ein Bonsai noch ein großer Baum werden?“ Mami ist aber geistig sehr eingespannt, voller Inbrunst in der Peripherie religiös determinierter Zentrifugalloops kreisend, wüsste sie selbst in einem Moment von wahrer Zentriertheit auf diese Frage keine Antwort. Die geistige Limitierung auf monoton sich wiederholende Kreisgedanken, verziert mit intellektuell vielseitig scheinenden Untermalungen ein und derselben Dogmen, beruht wie bei allen anderen auch vor allem auf dem unbemerkten, aber latent unterschwellig vorhandenen Zustand der Angst, welcher bekanntlich einen Großteil der Gehirnaktivität lähmt.

Aus einem durch Angst dramatisch verkleinerten Dankradius heraus lässt sich eben nicht alles neutral erklären.

Da fast alle diese Behinderung haben, fällt niemandem etwas auf. Im Vergleich zu vielen, ist Mama im üblichen Sinne nämlich sehr intelligent und Anhängerin einer Bonsai-Religion. Die Bonsai-Religion ist eigentlich dazu da, dem Menschen zu sagen: es reicht nicht, wenn du ein Bonsai wirst, nein, du musst ein ganz bestimmter Bonsai werden.

Der große Tintifax hat uns gepflanzt, sagt sie. Mama sagt, er hat uns gepflanzt und ihm verdanken wir unser Leben. Sein Plan ist ein Paradiesgarten mit lauter glücklichen Apfelbonsaibäumen. „Du musst dich also anstrengen, ein solcher zu werden, denn am Ende des Tages kommt der Tintifax und wird die Apfelbonsais von dem übrigen Unkraut säubern. Er wird alles vernichten, was nicht nach Apfel und nicht nach Bonsai aussieht. Wenn du Probleme hast, werden wir dir helfen, da gibt es nämlich ein Buch, das zeigt, wie man seine Äste schon früh stutzt, damit es später keine Auswüchse gibt."

Irgendwie fühlte ich mich absolut nicht wie ein Bonsai und mit den Früchten sah es ganz düster aus. Keinerlei Anzeichen. Doch allzu schnelles Wachstum der Äste und ständig bunte Vögel in der Krone, das hatte ich schon früh. Ich liebte den Wind. Und die Sehnsucht kam mit dem Wind: „Trag mich weg. Hier will ich nicht wurzeln.“

Andererseits liebte ich aber meine Bonsai-Eltern, sie streichelten mich mit ihren kleinen Ästchen immerzu und betrachteten mich mit Liebe und doch immer größerer Sorge, da ich bereits doppelt so groß wie sie war. Auch zu den Sternen zog es mich in stillen Nächten, ja, nahezu in alle Richtungen. Doch die Liebe hielt mich fest im Bonsaigarten. Was tun? So wie ich bereits jetzt aussah, würde ich an jenem letzten Tage, da der Tintifax käme, keine Chance haben, zu überleben. Lass ich mich vom Wind wegtragen, ist das Überleben auch ungewiss und gewiss nur die Trennung von meinen Lieben.

Vielleicht sollte ich mir den Tintifax mal genauer anschauen, dachte ich mir. Das Blöde war, dieser Tintifax kümmerte sich gar nicht um seinen Acker. Irgendwann fing ich an einen Radau zu machen. Ich lud die Vögel des Himmels ein, in meinen Ästen Platz zu nehmen und mal einen Höllenlärm zu machen, vielleicht käme er ja dann heraus um zu sehen, wer da so einen Tumult in seinem Garten veranstaltete. Der Tintifax ist aber nie gekommen, dafür haben mir meine lieben Mitpflanzen fast sämtliche Äste mit der Heckenschere so brutal zurückgestutzt, dass ich lange weder den Wind fühlen noch die Sterne sehen konnte und mich vor Schmerz am liebsten in den Erdboden verkrochen hätte. Dabei konnte ich ihnen ja gar nicht böse sein, sie wollten ja nur verhindern, dass mich der Tinti am Ende ganz und gar vernichten würde. Sie taten es aus Liebe! Und der Tinti vernichtete aus Liebe. Ja, so war das. Vollkommen logisch.

So versuchte ich, in der Nacht heimlich zu wachsen und die paar neuen Triebe, die wieder aus mir herauskamen am Tage so zu verbiegen, dass niemand sie sah. Was mir nicht immer gelang. Die anderen um mich herum entwickelten sich zumeist prächtig: schöne niedliche Äste, sahen aus wie große Bäume, nur halt ganz klein. Ich hingegen war hässlich. Lauter abgeschnittene Aststumpen, aus denen kleine, verbogene Triebe sprießten. Ich hatte etwas Abschreckendes an mir.

Nach und nach hatte ich gar keine Zeit mehr, mir Gedanken darüber zu machen, warum ich den heiligen Tinti nie zu sehen bekam. So wie mich die anderen in ihrer Sorge um mich und in Angst vor ihm mittlerweile zugerichtet hatten, war es mir zeitweilen einerlei, ob er mich am Ende vernichten würde oder nicht. Ich schämte mich. Und manchmal wünschte ich mir sogar, er würde endlich kommen und meinem Elend ein Ende bereiten. Doch in der Nacht, wenn der Wind sanft über meine Blätter wehte und die Sterne zu mir sprachen, wusste ich, dass da etwas war, was mich befreien und erlösen würde, irgendwann. Nicht nur mich, sondern auch all die anderen, die ihren Schmerz, nie der Baum geworden zu sein, der sie eigentlich waren, in Pflanzengiften oder der allzu geschäftigen Pflege ihrer netten, verkrüppelten Ästchen ertränkten.

Nach einiger Zeit hatte ich dann mehr Ruhe von den Bonsais. Die bemerkten nämlich, dass es mit diesem hässlichen, zu groß geratenen Baum auch etwas Praktisches auf sich hatte: Bei Gewittern eignete ich mich prächtig als Blitzableiter. Die Blitze waren heftig, doch konnte ich sie aushalten und war froh, nun doch noch etwas zu können, was den anderen diente: Blitze ableiten. Darin war ich gut. Ich wünschte mir die Gewitter nahezu herbei und jeder Blitzschlag erlöste mich durch die Genugtuung, andere hiermit beschützt zu haben.

Die Heckenschere war bei mir nicht mehr nötig, mein Wachstum wurde durch die Blitze bereits so sehr beeinträchtigt, dass mich die anderen plötzlich sogar zu gießen begannen. So ein Blitzableiter war etwas sehr Nützliches. Ich wurde gehätschelt und gepflegt und war irgendwie sogar beliebt. Dass mich die Blitze nach und nach immer mehr zerstörten, war mir egal. Eines Tages jedoch erwachte ich nach dem größten Gewitter, das ich je erlebte und merkte: Ich war nur noch ein Baumstumpf mit zwei letzten heilen Trieben. Ich war zerstört. Keine Krone, keine Äste mehr, ja nicht mal mehr ein Stamm.

Ich war nun gleich klein wie die Bonsais, nur etwas breiter, ein Baumstumpf eben. Wenn man so schnell übers Feld blickte – war ich gar nicht mehr zu sehen. Die zwei klitzekleinen Triebe, die aus meinem Stumpf ragten sagten mir, dass ich noch am Leben war, ansonsten fühlte ich mich nicht mehr wirklich anwesend und: Ich hatte Angst, das erste Mal wirklich, Angst durch dieses Trennungsgefühl. Durch den Verlust von Stamm und Krone war mein physisches Spektrum stark eingeschränkt. Da hielt ich nach meinen Eltern Ausschau. Doch die waren nach wie vor und immer mehr mit

Tintifax beschäftigt. „Der Tag und die Stunde naht, jetzt kommt er bald“, hieß es und sie bebten vor Erwartung der Dinge. Ich war sowieso schon tot, zumindest fühlte ich mich so und Tintifax hin oder her, ich war nur traurig. Traurig, über den riesen Haufen abgeschnittener Äste am Rande des Ackers, traurig über all die Winzlinge, die statt selbst groß zu werden, vor etwas ganz großem Angst hatten, das aber irgendwie nicht daherkam, aber kommen sollte oder würde.

Bis ich neue Sinne und Fähigkeiten der Kommunikation entdeckte, welche jeder Baum ganz unabhängig von seiner physischen Existenz hat, hatte ich zunächst Angst, Angst vor Isolation und Getrenntheit, aber nicht vor Tintifax. Schließlich hatte ich durch meine einstige Höhe von immerhin 3,80 m einen gewissen Überblick über den Acker und darüber hinaus, welcher mir trotz Verlustes meiner fast gänzlichen Physis eigenartiger Weise erhalten blieb – einer von vielen Hinweisen, dass ich mehr war als ein physischer Stamm mit Wurzeln und Krone.

Da mich die Bonsais nicht verstanden und ich sie nicht, lernte ich in all den Jahren die Sprache der Vögel zu sprechen und mit den Sternen zu singen, die mir viel erzählten, die mir vor allem eines erzählten: dass dieser Tinti nicht der war, für den er sich ausgab.

Ich hatte also nur noch zwei Triebe und mein Baumstumpf war höchst sensibel. Die Oberfläche war noch nicht vernarbt und Harztränen, die ich vergebens zu verbergen suchte, strömten üppig auf den Boden. In meiner Nähe standen zwei kleine Bäumchen, die noch die Möglichkeit hatten, wirklich groß zu werden. Ich versuchte sie mit meinen kleinen zwei Ästchen zu beschützen, doch es gelang mir nicht. Ich war zu schwach. Ich war am Ende. Die Vögel kamen nicht mehr so häufig, denn ein Baum ohne Stamm und Äste ist eigentlich kein Baum mehr. Doch eines verträumten Morgens erhielt ich einen folgenreichen Besuch: ein kleiner Marienkäfer, der so leicht war, dass ihn eines meiner zwei dünnen Ästchen gut tragen konnte kam des Weges und weilte bei mir.
Ich war sehr glücklich, denn mit Marienkäfern hatte ich bisher nicht so viel am Hut. Ich war so berührt von seiner glänzenden roten Farbe, den runden schwarzen Punkten und den zarten Krabbelfüßchen die mich kitzelten, dass er mich sogar ein bisschen zum Lächeln brachte.

Er sagte nichts und zwitscherte auch keine Lieder, schließlich war er kein Vogel, aber er brachte mir etwas, was ich bis dahin nicht kannte: Er brachte mir das Geheimnis der Gegenwart, das Glück des ewigen Jetzt.

Er spazierte sanft auf meinen kleinen Blättern auf und ab und ließ sich oft stundenlang auf einem ganz bestimmten Blatt nieder um zu dösen, die Sonne zu genießen und ein bisschen zu schnarchen. Die zwei kleinen Bäumchen neben mir fanden das lustig, Marienkäfer kamen sonst ausschließlich zu den ganz jungen Bäumen. Marienkäfer wussten scheinbar nichts von den Sternen und schon gar nichts von Tintifax, auch Stürme und Blitze waren kein Thema, so schien es. Fing es an zu wettern, versteckten sie sich einfach unter einem Blatt bis die Sonne wieder herauskam. Sie waren klein und erregten kein Aufsehen, doch vermochten sie eine stille, tief berührende Freude in jedem zu entfachen, der sie erblickte. Die Besuche des Marienkäfers hatten etwas sehr Heilsames für mich. Ich musste nicht mehr so sehr an all die Dinge denken, die mich traurig machten, weil die Gegenwart mit diesem kleinen roten Krabbeltier so beglückend war, dass Zukunft und Vergangenheit im

Dunstkreis seiner glücklichen Ausstrahlung zu schmelzen begannen. So begann ein neues Kapitel.

Die Wochen und Monate vergingen während ich mit dem Marienkäfer immer mehr ins Gespräch kam und herausfand: Dieser kleine Käfer war weit mehr als nur ein Glückskäfer. Er hatte ein erstaunliches Wissen und hatte es in mehrerer Hinsicht faustdick hinter den Ohren. Und: es war ein weiblicher Marienkäfer, zumindest in diesem Leben, wie er, der eigentlich eine Sie war, betonte.

Jeden Tag freute ich mich nur auf eines: auf den Besuch von Marie, der erstaunlichste Käferdame, die mir je begegnete. „Weißt du woher der Tintifax seinen Namen hat?“ fragte sie mich eines Abends ganz unverblümt mit ihrer fröhlich-erdig-warmen Stimme. Dieses Thema anzuschneiden, hätte ich selbst nie gewagt. Meines Interesses auch ohne einer verbalen Zustimmung gewiss, fuhr sie mit souveränen Pinselstrichen fort: „Er heißt deswegen so, weil er mit Tinte Faxen gemacht hat. Er hat mit der bösen schwarzen Tinte ein Lügenbuch geschrieben. Und seit die Menschen lesen müssen, denken sie mit dem Hirn und nicht mehr mit dem Herzen, wie es früher war.

Durch das Lesen entsteht zuerst ein Bild und dann Worte im Kopf. Die reden dann unaufhörlich und machen den Menschen krank, weil er das Herz nicht mehr hören kann und die Stille auch nicht mehr.

Am Rand des Gartens hat er sich jeden Abend hingesetzt und aus dem Lügenbuch so lange die erfundene Geschichte über die Allerhabenheit und Allmacht seines Wesens erzählt, bis es alle glaubten.

Bevor er in Erscheinung trat, waren alle Bäume groß, wild und wunderschön. Sie sangen ihre Lieder im Einklang mit der Sonne, den Sternen, dem Wind und der Schöpferquelle und kamen mit Freudengesang ihrer Aufgabe nach, den Himmel mit der Erde in Verbindung zu halten. All ihre Aufmerksamkeit, all ihr Strömen, Denken und Fühlen galt dem ihnen bestimmten Sein in Verbundenheit mit allem was ist. Die Worte jedoch, die aus der schwarzen Tinte herauskamen, fesselten nach und nach ihre Aufmerksamkeit und lähmten dieselbe dann mit der Zeit.

„Wiederholung macht Wahrheit“, das wusste der Tinti, „wenn ihnen meine Geschichte erst mal in Stamm und Saft übergegangen ist, werde ich ihre Schöpferkräfte aus ihnen fein säuberlich heraussaugen und das Meine damit anstellen.“

Und nach und nach verkrüppelte das schwarze Gift sowohl den Geist, als auch die Energie, und am Ende sogar die Physis der Bäume.“

Obwohl er weder fähig war irgendetwas zu erschaffen, ja sich nicht einmal richtig sichtbar machen konnte, obwohl er einfach nur selbst ein verkrüppelter, bedürftiger und durch eine schreckliche Vergangenheit böswillig gewordener Geist war, der lediglich ein paar technisch fortschrittliche Kunststücke vollführen konnte, die vielen Bäumen imponierten, schaffte er es, einen Großteil des Paradiesgartens im Laufe der Zeit in eine Bonsaimonokultur zu verwandeln und große Mengen der Lebenskraft der Bäume in sein eigenes Wesen einzusaugen.

Gegen diese Energie wehrte ich mich bereits als Kind, ich fühlte sie, auch wenn ich sie noch nicht benennen konnte.

Nach der ersten schweren Zeit der Andersartigkeit im Bonsaigarten, nach der Zeit mit Marie, der gleichzeitig stattfindenden Heilung und dem neuen Wachstum, war ich dermaßen mit all den atemberaubenden Erkenntnissen und der weiteren Erforschung der Natur allen Seins beschäftigt, dass ich zunächst gar nicht merkte, dass ich inzwischen ein großer mächtiger Baum geworden war.

Mein neuer Stamm war schon doppelt so groß wie der vorherige und das alte Stück Baumstumpf wurde während meiner nächtlichen Sternen- und Erdgesänge vollkommen von meinem Baumherzen absorbiert. Durch jeden Atemzug den ich gemeinsam mit dem Kosmos tat, verwandelte sich der alte verletzte Stumpf zu einem leuchtenden Juwel der Kraft, des Verständnisses und der Weisheit, welches erst im Begriffe war, in voller Pracht zu erblühen.

„Das Herz eines jeden Bäumlings ist ein heiliger Gral, ein alchemistisches Instrument, ein Transformator dunkelster Kräfte in heilsames Licht und Klang, ein Sternentor in alle Universen, Zentrum der heiligen Liebe und Ewigkeit. Jeder Baum geht mit diesem heiligen Gral in sich jeden Tag spazieren, legt sich abends nieder mit diesem, isst, spricht, arbeitet, tut alles ohne sich dessen bewusst zu sein. Der sogenannte heilige Gral ist in dir. Der heilige Gral ist dein Herzzentrum." Das war es, was Marie mir offenbarte.

Im Ur-Klang meines wahren Seins erbebte ich bei diesen Worten von den Wurzeln bis in die Blätterspitzen und weit darüber hinaus in alle kosmischen Welten hinein. Es war keine Erkenntnis, es war die Wiedererinnerung an meine wahre Natur, die wie der Stein der Weisen in das Meer meines Bewusstseins fiel und Wellenringe erzeugte, die alle Strände meiner Welt fluteten. Ein goldenes, weißes, silbernes, gleichsam farbiges Aufleuchten in meiner Brust, so fühlte ich in diesem Moment, welcher nie mehr enden sollte.

„JETZT fühlst du es, die Erinnerung daran und ein bisschen Stille alleine genügt, um diesen Schatz zu erwecken. Schenke ihm so viel Aufmerksamkeit wie nur möglich, es ist Zeit zu erwachen und Wunder zu vollbringen, es ist Zeit, das Unfassbare zu tun", waren Maries Abschiedsworte.

Ich war nicht der einzige Baum, der sich trotz Lügengift und aller Tintifaxen zum Trotz zu einem richtigen Baum entwickelt hatte, zu so einem, wie die Bäume ursprünglich waren.

Es gab noch viele andere Monokulturen auf Mutter Erde mit jeweils ein paar wenigen befreiten Bäumen ... ich konnte durch mein Herz und über meine Wurzeln mit den anderen befreiten Bäumen kommunizieren. Wenngleich die Wurzeln der verkrüppelten kleinen Bäume nicht weit reichten, bekamen sie dennoch etwas von diesen neuen Schwingungen, die durchs Erdreich strömten mit, von all den befreienden Gedanken und Gefühlen, die wir großen Bäume untereinander austauschten.

Du kannst einen Baum verkrüppeln, ihn betäuben, ihn vergiften, bezäunen aber du kannst ihn nicht fangen, seine unsichtbare Essenz wird immer frei sei, es sei denn, er vergisst diese Wahrheit. Die Ursprache seiner Kommunikation verläuft jenseits von Wort und Schrift. Sie bewegt sich in der Schwingung der Freiheit quer durch Erdreich, Luft, Wasser, Äther, ja alle Dimensionen und lässt sich nicht kontrollieren. Du kannst die Ursprache der Bäume nur mit reinem Herzen verstehen.

Dieses Zusammenhanges wurden sich die Bäume ab einem bestimmten Zeitpunkt im kosmischen Geschehen immer mehr wieder bewusst. Nicht zuletzt auch dadurch kam eines Tages das große Erwachen, von dem uns heute noch die Alten erzählen.

DRITTER KLANG –
TINTIFAX VERGANGENHEIT

Tintifax wurde auf einem fernen Planeten geboren. Als Tinti noch ein Säugling war, befand sich sein Planet in Auflösung, er zerstörte sich selbst. Nur noch schemenhaft konnte er sich an all das Grauen erinnern, welches er, zwar zunächst noch in Mutters Armen, alsbald nach deren Tod jedoch als hilfloses Würmchen auf einem vor Schmerz schreienden und sterbenden Planeten erlebte.

Er wurde aus irgendeinem Grund mit einigen anderen Überlebenden ins All geschleudert, heimatlos in dunkler kalter kosmischer Nacht, verzweifelt und hungernd, als in weiter Ferne ein leuchtend blaugrün schimmerndes Etwas auftauchte, welches ihn magisch und magnetisch anzog - die Erde.

Er strebte diesem Ort mit letzter Kraft zu und versank nach dieser Anstrengung in einen traumumrankten tiefen Schlaf, aus dem er erst erwachte, als er schon 600 Jahre alt war. Knorrig, knöchrig, dunkel und leer fühlte er sich, doch der Ort, an dem er sich befand, fühlte sich wohlig an, warm und saftig.

Tintifax war in einem dermaßen zerstörten Zustand, dass dieser wohlige Ort sein Herz gar nicht mehr erfreuen konnte, welches durch die traumatischen Erlebnisse zu einem verkohlten Klumpen zusammengeschmolzen war. Stattdessen erwuchs in ihm ein unermesslicher Hunger, eine unbezähmbare Gier, sich diesen Ort mit allem Drum und Dran, mit Kraut und Stiel einzuverleiben.

Wie ein wildes Tier streifte er über die Wälder, Berge und Ozeane auf der Suche nach etwas, was er in sein unendlich schmerzerfülltes, ausgehöhltes Wesen einsaugen konnte. Da begegnete er den ersten Bäumlingen.

Es gab Bäumlinge, die standen fest verwurzelt in der Erde und andere, die gehen konnten und sich samt Wurzeln auf der Oberfläche recht elegant fortbewegten. Er war fasziniert von ihrer Schönheit und Grazie, sodass er aufs Erste sogar auf seinen Hunger vergaß. Die Erdenbäumlinge reagierten auf ihn in keiner Weise. Nein, es schien, als konnten sie ihn zunächst gar nicht sehen. Er versuchte diese Wesen zu berühren, da wurde er gewahr, dass er im Gegensatz zu diesen Erdlingen vollkommen unsichtbar war, zumindest in jener Erdsphäre, wo er sich jetzt befand. Er konnte durch sie hindurchhüpfen, sie anbrüllen, egal was er aufführte, sie schienen vollkommen unberührt von all seinen Bemühungen, sie zu bedrängen oder zumindest Aufmerksamkeit zu erregen.

Zu seiner Einsamkeit, den alten Traumata, der Leere, der Gier, zum Neid, zum allgemeinen Unbehagen, seinen Kreislaufproblemen und der tiefen Dunkelheit seines Wesens kam jetzt auch noch die Wut dazu angesichts seiner Ohnmacht, sich bemerkbar zu machen oder Einfluss zu nehmen. So fing er einfach an, sich auf die Lauer zu legen, um diese scheinbar glücklichen, in Wonne und Freude lebenden Wesen zu inspizieren. Er studierte ihre Verhaltensweisen, ihre Gewohnheiten und da er unsichtbar war, konnte er viele Vorgänge in deren Leben und Wesen äußerst gut analysieren, denn dumm war er nicht, der Tinti. Eines war klar, die Erdlinge hatten keine traumatische Erfahrung hinter sich, zumindest nicht in naher Vergangenheit, sie waren vollkommen eins mit sämtlichen kosmischen Kräften und somit praktisch unantastbar.

„Irgendwie muss ich mich bemerkbar machen, irgendwie muss ich auf mich aufmerksam machen und ihre Kräfte mir zu Diensten machen", dachte er bei sich. Als er entdeckte, dass diese Wesen noch vollkommen mit der göttlichen Quelle, dem Ursprung allen Seins, verbunden waren, dass sie sich alles Gewünschte, Erdachte und Erträumte aus der Quelle heraus erschaffen konnten, einzig und allein dadurch, dass sie ihre Aufmerksamkeit darauf richteten, wurde dieses Vorhaben zu einer vollkommenen Besessenheit.

Er tüftelte, er beobachtete, er analysierte, studierte jahrelang, jahrzehntelang, jahrhundertelang. Nach einigen tausend Jahren knackte er endlich ihren Kommunikationscode. Sie kommunizierten über ihre Seele, über ihr Herz durch Bilder, Klänge, Düfte, Farben und Schwingungen in vollkommener Offenheit, ohne Berechnung und in vollendeter Wahrhaftigkeit.

Tinti war auf der Suche nach einer ganz anderen Kommunikation, die auf dem Planeten Erde er einzuführen gedachte. Ihm war klar: sollte er auf der bisherigen Kommunikationsebene je mit Ihnen in Kontakt treten, so würden seine dunklen Ziele und Gefühle sofort von allen erkannt werden. Er suchte nach einer Kommunikation, die ihm mehr Spielraum verschaffte, sowohl die anderen hinters Licht zu führen, als auch, wenn möglich dadurch die Welt und das Denken der Erdlinge nach seinem Geschmack zu verändern. Mit so viel Freiheit, Echtheit, Wahrheit und Authentizität kam er definitiv nicht zurecht.

So begann er, Töne und bestimmte Laute in Worte zu sperren.

Jedes Lautbild, jedes Wort wurde einem bestimmten Ding, einer bestimmten Erscheinung, einem Wesen, einem Gefühl, einer Tätigkeit, einer Begebenheit, einem Gegenstand oder Eigenschaft zugeordnet. Er konnte die unendliche Welt der Erdlinge durch diese Sprache ordnen und sie in eine Wortglocke packen. In dieser Welt gab es plötzlich nur noch Wörter und alles, wofür es kein Wort gab, verlor an Farbe und Kraft, bis niemand mehr von dessen Existenz wusste. Umgekehrt wurden durch neue Worte Dinge, Gefühle und Wesen der Schattenwelt ins Leben gerufen.

Mit der Erfindung der Schrift brachte er seine Hexerei zur Vollendung. Jeder Schriftgelehrte -

und das waren am Ende des Tage fast alle Erdlinge - jedes Erdlingskind hatte die Pflicht, schreiben zu lernen - wurde automatisch zum Wortsklaven umfunktioniert.

Die gesamten bisherige Herzensgedanken und – klänge wie die Anbindung an die kosmische Weisheit wurden somit abgeschnitten. Die Erdlinge begannen nun sehr anfällig und aufnahmefähig für Tintis Gifte, Gedanken und Pläne zu werden. Blauäugig und ohne Arg nahmen die Erdlinge jedes der Worte in Ihre Vorstellungs- und Gefühlswelt auf und hauchten dadurch allem, was Tinti erschaffen wollte, den Odem des Lebens ein, denn zum Sprechen muss man ja erstmal Luft holen.

„Am Anfang war das Wort“ hieß es in der Heiligen Tinte, was nicht ganz stimmte, richtig heißen hätte es müssen: Am Anfang von TINTIS HERRSCHAFT war das Wort. Kaum einer wusste, was das eigentlich hieß. Alles, was bezeichnet wurde, bekam durch das „lauten“, „läuten“, durch das „singen“ des Wortes und die damit verbundene Idee Kraft und Bestand, später nannte man das dann SPRECHEN.

Alles andere verlor nach und nach an Bedeutung und Energie, da nur noch die sprachlich bezeichneten Dinge im Aufmerksamkeitsumlauf waren. Die Worte, deren Bedeutung, die Vorstellungen, die damit verknüpft wurden, ja sogar die damit verbundenen Gefühle waren einseitig mit Hirnenergie aufgeladen und kippten somit automatisch aus der Einheit, ganz zu Tintis Zufriedenheit.

Die Idee mit dem Wortzauber war aus Tintis Sicht genial, doch wie er es schaffte, dass die Erdlinge die Wortsprache annahmen und dazu noch die Schrift, das weiß bis heute keiner genau.

Seine technischen Zaubertricks wie sein Showtalent mussten wohl dazu beigetragen haben. In vielen alten Schriften wird von „Göttern“ erzählt, die mit Feuer und anderem Zauber Kunststücke machten und sich so zuerst die Ehrfurcht und dann die Anbetung der Erdlinge erschlichen. Gab es, ganz tief verborgen, ein Einverständnis der Erdlinge zu dieser Erfahrung der Dunkelheit? Eine Erlaubnis seitens der Bäumlinge, dass dieses dunkle Erfahrungsspektrum auf der Erde genehmigt oder geduldet wurde? Waren wir nach diesen schrecklichen Jahrtausenden weiser, reifer, erfahrener geworden? Hat uns all die Dunkelheit, die Qualen, die Knechtung, Irreführung und Sklaverei am Ende zu bewussteren, prächtigeren, vielfältigeren und strahlenderen Wesen gemacht? Hoffentlich.

Die Frage nach dem Sinn der Existenz des „Bösen“, der Erfahrung der Getrenntheit in diesem brutalen Ausmaß stand lange vor mir wie ein unüberwindbares Atoll. Ich staunte stets über jene Bäumlinge, die da so sicher waren, dass dies alles notwendig und sinnvoll für uns war. Wie ich überhaupt Zeit Lebens darüber staunte wie unglaublich sicher viele Bäumlinge, gerade auch die Weisen unter ihnen, über „Gott und die Welt“ im Bilde waren, durchaus widersprüchlich, aber stets ganz sicher.

Für mich gab es immer mehr Fragen als gesicherte Antworten und ich lernte etwas, was viele nicht konnten: Ich konnte mit ungelösten Fragen und Rätseln des Seins sehr wohl leben, wenngleich oder gerade weil ich eine passionierte Rätsellöserin war.

Was das Einverständnis der Erdlinge zu Tintis Schreckensherrschaft betraf: klar war, dass auf jeden Fall weit, weit mehr in der Macht des Bewusstseins der Erdlinge lag, als Tinti ihnen offiziell zugestand und vor allem, dass das Zeitfenster seiner dunklen Herrschaft ein Ablaufdatum hatte.

Dieses Ablaufdatum war für diejenigen, welche sich mit kosmischen Bewegungen und Rhythmen befassten, unabänderlich und klar ersichtlich. Seit dem Wortzeitalter jedoch hatte die Welt sich zunächst um ein Vieles verkleinert. Für die Erdlinge erwies sich die Wort- und Symbolsprache als ein überaus verhängnisvolles Werkzeug der Kommunikation. Geradezu prädestiniert, um eine Welt zu erschaffen, nach dem gespaltenen Bilde des Spracherfinders Tinti.

Er musste sich ihres Geistes, ihres Denkens und Gefühls und allem voran ihres Bewusstseins über ihre Schöpferkraft habhaft machen um dann praktisch DURCH sie erschaffen zu können.

Wenn er ihnen seine Ideen einpflanzen konnte, dann würden diese Ideen früher oder später durch ihre Schöpferkraft (Vorstellung + Gefühl) wahrwerden.

So legte er los, damals im Erdengarten, vor einigen tausend Jahren.....

Eines paradiesischen Sonntagmorgens schmiss er sich, obwohl er wusste, dass er für die Erdlinge sowieso unsichtbar war, in seinen schönsten Anzug. Er tat das, um sich selbst zu motivieren. Psychologisch war er auch in Sachen Eigenmotivation nach Jahrtausende langen Studien mittlerweile ziemlich durch. Nun gut, er schlenderte in einer Mischung aus lässig und erhaben durch die Gärten, als er plötzlich eine Truppe junger Erdlingsdamen beim Blumentanzen sah. Er zündete einen verdorrten Dornbusch an um optisch etwas herzumachen und sprach aus diesem: „Oh, ihr holden Jungfrauen, so hört meine Stimme, ich, euer Schöpfer, spreche zu euch und habe eine Botschaft."

Die Damen sahen sich leicht verstört an und meinten untereinander: „Also entweder ist das der Schwerenöter vom Dorf hinterm Berg, der mal wieder eine verquälte Performance zum Besten gibt, um bei den Mädels aufzufallen oder aber - ..., was immer, auf jeden Fall fühlt es sich unsympathisch an", soviel stand für die Erdlingsdamen fest.

„Oh hört meine Stimme, ihr holden Erdlinge, denn ich habe eine ernsthafte Warnung für euch.“ Warnung? Wovor? Wozu? Auch die Stimme an sich hatte eine äußerst zwiespältige Schwingung, war vollkommen farblos, grau und ohne natürlichen Klang. „He du, wer immer du bist, lass uns in Ruhe mit deinem blöden Geschwätz, zeig dein Gesicht oder zieh Leine“, tönten die Mädels einhellig.

Von dieser offensichtlichen Abfuhr etwas gekränkt, rappelte er sich innerlich wieder auf, um fortzufahren. Schließlich hatte er sich Jahrtausende lang auf diesen Gig vorbereitet, er durfte sich nicht von ersten Rückschlägen irritieren lassen. „Ihr holden Jungfrauen, ich weiß etwas, was ihr nicht wisst und wenn ich euch das nicht sage, dann werdet ihr bald Schwierigkeiten bekommen“, flüsterte er geheimnisvoll.

Schwierigkeiten? Was war das? „Erzähl deine Schwierigkeiten, wem du willst, aber nicht uns und jetzt lass uns in Ruhe“, entgegneten die Damen. „Dies ist ein großer Fehler ihr holden Frauen, aber ich werde wiederkommen und euch eine zweite Chance geben“, meinte er abschließend mit gönnerhaftem Unterton.

“Puhh, zum Glück ist er weg. Sowas haben wir ja noch nie gehabt“, meinten die Bäumlingsfrauen, „der passt ja überhaupt nicht hierher, weiß der Geier wo sie den ausgelassen haben. Brennendes Gehölz ist nie ein gutes Omen.“

Sie setzten den Blumentanz leicht irritiert fort und die meisten dachten zunächst nicht weiter an diese Begegnung.

Abends beim gemütlichen Lagerfeuer fiel ihnen der brennende Busch wieder ein und sie erzählten ihren Baummännern davon. Die waren diesbezüglich recht unterschiedlicher Meinung. Und: Zum ersten Mal hatten wir im Paradiesgarten so etwas wie eine DISkussion.

Tintifax war den Damen natürlich auf Schritt und Tritt gefolgt, denn er wollte wissen, ob sein Auftritt nicht doch irgendetwas bewirkt hatte. Als er sah, dass die männlichen Bäumlinge etwas aneinandergerieten, bemerkte er etwas für ihn Sensationelles:

Jedes Mal, wenn einer der Burschen etwas aufbrausend wurde, entstieg seinem Körper ein dunkler Dunst, der dem seines eigenen Wesens sehr ähnlich war. Wie magisch wurde er von diesem Dunst angezogen und trat sofort hinter den jeweiligen Erdling um diesen herrlichen Fäulnisduft einzusaugen. Wie lecker der schmeckte!!! Die erste Nahrung nach zigtausend Jahren der Ausgezehrtheit für Tintifax: der erste Erfolg.

Einer unter den Bäumlingsmännern war etwas zarter besaitet, er sagte kaum etwas dazu, doch dass zum ersten Mal in seinem Leben so gewalttätige Schwingungen auftauchten, machte ihm Angst. Auch bei diesem Bäumling entdeckte Tintifax einen dunklen Dunst, der mindestens genauso gut mundete wie jener der gewalttätigen Fraktion. Tintifax taumelte vor dunklem Glück und die alte Gier erwuchs erneut und bäumte sich in seinem Wesen auf wie ein dunkler Orkan.

Ok – so viel war klar, das neue Ziel hieß: „Wie bringe ich die Erdlinge dazu, gewalttätig und/oder ängstlich zu werden. Aus diesen Emotionen kann ich mich ernähren."

Um diese wertvolle Erkenntnis perfekt und gezielt zum Einsatz zu bringen, ließ er sich wieder wochenlang Zeit, um die nächsten Schritte ausgefinkeltst vorzubereiten.

Die Erdlinge waren grundsätzlich so friedlich und zufrieden, dass es schwer war, sie in kämpferische Stimmungen zu bringen, doch eines war ihr Schwachpunkt:

Sie waren alle vollkommen ehrlich zueinander.

Sie kannten die Lüge nicht. Tintifax aber wusste, wie man lügt, das wusste er ganz genau. Seinen nächsten Auftritt plante er bei einer Gruppe von männlichen Erdlingen, die gerade ein außer sich geratenes Flussbett wieder in Schuss brachten.

„Oh ihr euch mühenden Wesen, hört meine Stimme, ich habe euch etwas zu sagen, ich bin euer Schöpfer und bringe eine Warnung, wer sie hört, dem wird es gut gehen.“ „Seit wann spricht unsere Schöpferkraft in Worten mit uns?“ Gleichsam aber erinnerten sie sich an das Lagerfeuergespräch mit den Damen vor geraumer Zeit. „Na dann lass raus deine Botschaft, wer immer du bist und dann verschwinde aus unserem Land, du hast eine unangenehme Ausdünstung. Auch wenn du dich in Unsichtbarkeit verbirgst, wir fühlen, dass du kein glückliches oder glückbringendes Wesen bist. Sei‘s drum, sprich aus, was du zu sagen hast und dann geh.“

„Ich bringe euch Kunde, dass es einen bösen Geist gibt, welcher euch Schlechtes will, dieser Geist wird kommen und euch zerstören wollen, aber auch er ist ein Geistwesen und versteckt sich meist vor euren Augen. Wahrlich, wahrlich, ich sage euch: Ihr dürft ab sofort keine Bananen mehr essen. Wer immer von den Bananen isst, wird sterben und dem Bösen anheimfallen.“

Eigentlich dachte niemand von den Erdlingen bisher über Dinge, wie die naturgegebene Ewigkeit und Unverwundbarkeit ihres Selbst nach. Sie hatten die angeborene ganz selbstverständliche Gewissheit, dass sie sowieso ewig und unverwundbar waren. Auch Verbote gab es nicht und noch weniger Gebote, jeder wusste, was zu tun gut tat, sich selbst, den anderen, dem Sein an sich. Doch wenn dieser Typ Recht hatte, dann war das ein Irrtum.

„Zum Glück klärt uns da mal einer auf“, sprach einer der Jüngeren, der wie alle anderen, die Erfahrung, angelogen zu werden, nicht kannte. „Ja wenn das so ist, dann dürfen wir wohl keine Bananen mehr essen, schließlich wollen wir, dass alles so bleibt wie es ist.“

Tintifax lachte sich schon ins Fäustchen, verschwand mit Donnergedöns aus dem Garten und plante seinen nächsten und wohl durchschlagenden Auftritt.

Am folgenden Tag verkleidete er sich etwas anders, ganz in schwarz mit Sonnenbrille und aalglattem Haar, welches er mit reichlich Gelatine zurückschleimte. Er kannte die Schwäche der Erdlinge für‘s Entertainment. Seine Stimme verstellte er auch, denn dass der Ton bei den Erdlingen die Musik machte, sprich, dass sie auf Töne und Schwingungen stark reagierten, dass hatte er in seinen Studien herausgefunden.

Er musste ja nun seine eigene Prophezeiung von dem bösen Wesen erfüllen, welches er im folgenden Teil des Freilufttheaters verkörperte. Er nahm einen Bund Bananen, frisch geerntet, von der höchsten Palme im Garten, welche einen sehr plakativen Effekt auf dem Hintergrund seines tiefschwarzen Anzugs hatten. Das war notwendig, da er sich damals nur schwer und wenn, nur schemenhaft den Erdlingen sichtbar machen konnte. So suchte er die männliche Bäumlingstruppe wieder heim.

„Ihr tapferen Bäumlinge, hört nicht auf die Worte der Stimme aus dem brennenden Busch, ich sage euch etwas ganz anderes: ‚Wenn ihr heute auch nur eine Banane esst, dann werdet ihr ewig leben, 99,9 % des Wissen über Gut und Böse erhalten sowie einen Fortschrittsgutschein. So ein Angebot kommt nie wieder, meine Herrn.“

Einer der Erdlinge wurde nun generell wütend, was sollte das jetzt auf einmal mit dem Bananentheater, Bananen essen, nicht essen und was hatte das mit der Ewigkeit zu tun? Und fortschreiten wollten sie sowieso nicht. Auf der Erde wurde ein-her-geschritten und nicht fort, wohin auch?

„Der Zweite stinkt mir wie der Erste, wenn ihr mich fragt, kommen beide aus dem gleichen Loch!“ sagte der Älteste der Erdlinge.

Die Männer gingen nach Hause. Trotz allem hatte der Tintifax es geschafft, mit seinem Zwei-Rollen-Sketch zum ersten Mal ZWEIfel in ihr bislang in Einheit geborgenes Herz zu träufeln. Und dann ging‘s los: Einige Erdlinge aßen Bananen, andere nicht. Manche waren sich nicht sicher, was sie tun sollten und bekamen zum ersten Mal im Leben Angst. Auf einmal gab es zwei Seiten und nur eine davon war angeblich richtig. Sie waren verzweifelt. Auch mit den Erdlingsdamen gab es Unstimmigkeiten.

Das Zweifel-, Angst- und Gewaltbuffet war angerichtet und Tintifax schürte das Feuer täglich. In Folge trat er natürlich nur noch in der elegant-schmeichlerischen Version auf, mit geschmierter und beruhigender Stimme, begleitet von immer noch imposanterem Feuergetöse. Schließlich wusste er, wonach sich die Erdlinge nun sehnten: nach dem Zustand des Friedens und der Einheit, der vor seinem Verwirrspiel herrschte. Jetzt hatte er sie. „Nun seht ihr Erdlinge, ich bin euer Schöpfer und will euch vom Bösen erlösen, ihr habt Schlechtes getan und deshalb müsst ihr sterben, wenn ihr aber in Zukunft alles tut, was ich von euch fordere, mich fürchtet und mir ehrfürchtig jenen Dienst und Opfer darbringt, die ich euch gleich erklären werde, dann werde ich euch aus eurer Schuld irgendwann erlösen. Zuerst aber müsst ihr büßen, ist klar, oder?“

Ob der Tintifax nun der Schöpfer war oder nicht, das ging in dem ganzen inszenierten Theater ganz und gar unter, die Erdlinge waren jetzt mit etwas anderem beschäftigt: mit der von Tinti erfundenen Todesangst, der von Tinti erfundenen Schuld und dem Kampf gegen oder für die erfundene Bananenfraktion und dem Elend, an das sie glaubten, weil der Tintifax mit seinem Lügenspiel und der Idee eines Bösen, es geschafft hatte, dass sie anfingen Böses nach Tintis Plan auch zu tun und sich immer mehr von ihrer wahren Natur zu entfernen.

Und so ging‘s los: jahrtausendelanges Elend und Schmerz im einstigen Paradiesgarten, bis zu jenem Tage, da sich nicht nur Mutter Erde, sondern noch ganz andere machtvolle Instanzen bemerkbar machten und sich die Dinge anfingen anders als von Tinti und seiner unheiligen Schrift geplant zu entwickeln.....

(Autoren zum Thema Kosmische Wende im Anhang 6)

VIERTER KLANG – DAS MÄRCHEN UND DIE WAHRE GESCHICHTE ÜBER TINTIFAX

Nach den ersten unerklärlichen Erdbeben und Stürmen im Bonsaigarten, kam eine Zeit, da träumte ich wesentlich mehr und intensiver. Die Träume wurden klarer, bedeutungsvoller. Zuweilen empfand ich sie als Ausflüge. In einer sternenklaren Nacht, das Sternenbild des kleinen Wagen hoch über mir, mein Körper, der sich in der süßen physischen Ohnmacht des Schlafes nahezu aufzulösen schien, hörte ich mich als kleinen Baum sagen: „Du Mami, meinst du nicht auch, dass der Tintifax vielleicht gar nicht so böse ist, wie er tut?“ „Natürlich ist der Tintifax nicht böse, er hat uns ja erschaffen,“ (genau dies bezweifelte ich schon damals ernsthaft), „was redest du da für ein wirres Zeug. Hast du schon wieder mit diesem verdrehten Marienkäfer gesprochen? Der wird dich noch vom Weg abbringen, mein Liebes, denke daran: ‚Wer immer Kontakt zu Marienkäfern hat, ist wie ein Teig der durch ein wenig Essig ganz durchsäuert wird‘.

Also ging ich angesäuert zu Papa – mir war klar, nach meinem Wissensvorsprung musste ich meine Fragen etwas elterngerechter formulieren. „Papa, meinst du, dass die Bösen vielleicht gar nicht so böse sind, warum sind sie eigentlich böse?“

Mein Vater war zum Glück nicht so voreilig mit den Antworten, schließlich hatte er selbst schon einige Bücher gelesen, welche bei der Bonsaiobrigkeit als „wachstumsfördernd“ verpönt waren. Auch äußerlich sah er etwas anders aus als die übrigen Bonsais und war etwas größer. „Dies ist eine sehr schwierige Frage, mein Kind. Eines ist sicher: Wer tötet ist böse, das weiß ich, weil ich im Krieg war und sah wie die Bäume einander abmetzelten auf Geheiß eines Verrückten.“

Mein Vater war radikaler Pazifist, wobei – zumindest gemäß einer vordergründigen Definition - sich das Eigenschaftswort und das Hauptwort hier etwas im Wege stehen, wie mir später klar wurde. Er war im Krieg beinahe gestorben und weil er wie alle anderen nicht mehr wusste, dass er ein ewiges Wesen war, hatte er ein Kriegstrauma, ein Todesangsttrauma. Das Trauma gestattete ihm an bestimmten neuralgischen Punkten das wirklich freie Denken nicht mehr. Sobald es zum Thema Tod und Krieg kam, da war auch bei Papa bald Schluss mit achtsamen philosophischen Betrachtungen. „Wer zum Schwert greift, wird durch das Schwert umkommen“, stand in der Tinte. Eigentlich war es ja der Tinti selber, der laut meinen Eltern am Ende zum ganz großen Schwert greifen und alles niedermähen sollte, was nicht nach Apfel und nicht nach Bonsai aussah. Radikale Vernichtung allen Lebens welches tatsächlich oder angeblich ihm nicht huldigte, ihm nicht absoluten Gehorsam schwor, ohne Unterschied, war seine Agenda. Aber er durfte das laut Bonsaireligion, er war ja der Tintifax. Für mich klang das alles nach „göttlichem“ Terrorismus, doch da alle anderen dies so hinnahmen, brauchte ich eine Zeit dieser Sache auf den Grund zu gehen.

„Brauchst du einen Käfig für deine Untergebenen, erfinde einfach ein Märchen, sie lieben Geschichten, in diesem Geschichtenkäfig kannst du sie fangen. Erfinde stets Fortsetzungen und weitere Kapitel nach deinem Geschmack, so kannst du ihre Aufmerksamkeit fesseln und strickst das Netz in dem sie zappeln immer enger“ so Tintis Devise.

Die Gesetze und das Gebaren, welche er, Tinti, seine Diener und seine Schriften präsentierten, liefen den Gesetzen der Einheit, der Gerechtigkeit, des Ausgleichs, der Harmonie, und vor allem der Liebe vollkommen zuwider.

Gleichzeitig gab es aber unzählige Texte darüber wie gnädig, liebevoll und gerecht er doch sei. Er stellte förmlich alles auf den Kopf oder kopierte alles wahrhaft Göttliche in einer spiegelverkehrten Form, verziert und bespickt mit einigen geschickt platzierten wahren und guten Geschichten, Symbolen, Schwingungen um die Lesenden zu ködern und seine wahren Machenschaften unter einem Zuckerguss von wohlklingenden und herzerwärmenden Sätzen zu verstecken.

Spiegelung, Kopfstand, Umkehrung, Verzerrung, Spaltung und Verkleidung waren seine Hauptwerkzeuge. Das Manipulationsprozedere hatte System. Durch gleichzeitige Bepulsung mit positiven und negativen Botschaften, Sequenzen, Energien, Symbolen fand eine zunächst sehr erfolgreiche geistige Zersetzung statt. Alle scheinbar guten Botschaften, Machenschaften und Taten Tintis waren trojanische Pferde, gefüllt mit Parasiten, Gift und Galle. Er kopierte die Natur mit künstlichen Worten, Vorstellungen, synthetischen Dingen und spannte die Bäumlinge, die sich nach und nach in Bonsais verwandelten, vor seinen Karren. Eine Welt voller verhängnisvoller Surrogate entstand.

Unter dem Motto „Erlösung von den Bösen" mordete, schlachtete Tinti hemmungslos stets ganze Völker, was er grausam detailliert und hemmungslos genüsslich in der heiligen Tinte beschreiben ließ. Vom Säugling bis zum Greis, von der Jungfrau bis zu den Tieren wurde gemetzelt. Das Böse war natürlich immer in genau jenen Völkern anwesend, die Tintis parasitären Landnahmestrategien für sein auserwähltes Volk im Wege standen. Vergewaltigungen im Namen Tintis, Verstümmelungen, Kindesmorde massenhaft, fein säuberlich in der „heiligen" Tinte als göttliche Machtdemonstrationen niedergeschrieben und bis zum heutigen Tage nachzulesen.

Als seine „größte Liebestat" wurde die grausame Kreuzigung seines eigenen Sohnes verehrt, wobei die Schuld für diese „liebevolle Erlösungsopferung" laut dem Ködernarrativ der „heiligen" Tinte den angeblich bösen Erdlingen in die Schuhe geschoben wurde, die von der sogenannten Erbsünde nach Tintis kranker

Logik schuldhaft befallen und somit – wie immer – nur „mit Blut reingewaschen“ werden konnten.

Wichtiger und noch machtvoller in der Wirkungsweise war dann das durch diese „liebevolle Geschichte“ legitimierte Bild, welches allen in den heiligen Stätten, direkt durch den Anblick in den Solarplexus gepflanzt wurde: der Heiland (das heile Land) blutend ermordet am Kreuz! Die perfekte Basisprogrammierung für eine folgsame, gebeugte Sklavenspezies.

**Hosea 14:1*

„Samaria muss büßen, weil es sich empört hat gegen seinen Gott. Umkommen werden sie durch das Schwert, ihre kleinen Kinder zerschmettert und ihre Schwangeren aufgeschlitzt.“

(weitere Originalzitate aus der hl. Tinte im Anhang 1 + 2)

Eine ernsthafte Frage darf gestellt werden: wie schafft es eine Instanz, die nach eigener Beschreibung „Blut trunken“ „eine Freude daran hat zu vernichten“, „Schwangere aufschlitzt“ und „Kinder zerschmettert“ Jahrtausende lang als „lieber“ Gott verehrt zu werden?

Später wurden die zu geißelnden Völker von Tintis Vasallen stets des Terrorismus, der Verachtung der Menschenrechte oder sonstiger Schuld bezichtigt um sie „im Namen der Gerechtigkeit“ zu schlachten - oh Verzeihung - um die Welt vom Bösen zu erlösen.

Das war der Knackpunkt. Tinti schaffte es, den Bäumlingen einzureden, dass sie böse waren und nur durch Opfer ihre Unschuld und ihr Recht auf Leben wieder erkaufen konnten und zwar nur bei ihm, weil er ihnen weiters einträufeln konnte, er habe sie erschaffen.

Die Stelle, die diese Freifahrtscheine der Erlösung dann ausstellte - bei entsprechend lebenslangem Opferdienst - war die Tinti & Co Ltd. GmbH, Großhandel für Schuld und Sühne, mit Niederlassungen, Zweigstellen und Tochterfirmen auf der ganzen Erde.

Eine bestimmte Lichtfigur kam ihm zu einem bestimmten Zeitpunkt dazwischen. Diese war eine große Gefahr für Tintifax. Nachdem er alle, die dieser lichtvollen Instanz huldigten, eliminiert hatte und alle echten Schriften über sie verbrannt hatte, merkte er, er kam um diesen hochschwingenden energetischen Fußabdruck nicht herum.

Schlau wie er war, dachte er sich: was du nicht besiegen kannst, das mache dir zu Diensten und schwupps di wupps wurde die Lichtfigur als Sohn adoptiert, in die dunkle Tinte hinein gewurstet, als Hackfleisch verarbeitet, gekreuzigt, ausgeblutet und in wiederkehrenden kannibalistischen Ritualen symbolisch verspeist, im „heiligen“ Abendmahl, welches als die aller heiligste der dunklen Traditionen angesehen wurde.

Die Lichtfigur selbst wünsche dies so, wurde vermerkt.

Es war sooo einfach: war diese heilige Tinte erstmal als „göttlich“ etabliert, war damit alles möglich. Als Feind konnte Tinti es mit diesem Lichtwesen nicht aufnehmen. Also ließ er einfach niederSCHREIBEN: Diese Lichtgestalt sei sein Sohn! Er selbst habe ihn zur Erde gesandt um die Menschen zu erlösen. Er ließ ein paar echte Worte dieser Lichtfigur in die Tinte einfließen, weil er wusste, diese Lichtworte würden seine parallel dazu untergeschobene Dunkelbotschaft kaschieren und vor den Bäumlingen verbergen.

Die Bäumlinge wären im Herzen so berührt, dass sie über alles andere hinwegblicken würden. Wenn der Sohn schon so göttlich war, dann konnte der Vater ja kein Ungeheuer sein.

Doch, konnte er, und war er.

Bevor die Bäumlinge jedoch jemanden, in dem Fall Tinti, einer solch kaltblütigen Verschwörung verdächtigten, verdächtigten sie sich lieber selbst.

Die Idee von der Erbsünde war ihnen interessanter Weise nicht so schwierig einzupflanzen. Sollten sie aber je auf die Idee kommen, dass in der heiligen Tinte Widersprüche vorhanden sein könnten, fühlen, wie sich an manchen Stellen beim Lesen ihr Herz zusammenkrampfte, so ließ Tinti zur Sicherheit noch hineinschreiben: „Das Herz ist verräterisch und heillos“. Das war ganz wichtig!, denn diese Herzensintelligenz galt es ein für alle Mal auszuradieren.

* *<u>Jeremia 17: 9, 10</u>: "Das Herz ist verräterischer als sonst irgend etwas und ist heillos..." (Neue Welt Übersetzung) oder „Trügerisch ist das Herz mehr als alles und unheilbar..." (Elberfelder Übersetzung)*

Zur Sicherheit wurde nebenbei, wegen einigen hartnäckigen Fällen von Wahrheitssuchern und -schreibern, sämtliche Schriften und Aufzeichnungen, welche Tintis Mindset in Frage stellen würden, so gut es ging verbrannt und deren Besitz mit dem Tode bestraft.

Die Erinnerung an diese schreckliche, offensichtliche Unterdrückung und Verfälschung von Wissen wurde in einen Bereich des Erdlingsbewusstseins verpflanzt, der für die Ungeheuerlichkeit und die Bedeutung dieser Manipulation taub war, man nannte das „den blinden Fleck". Sehenden Auges und hörenden Ohres alle möglichen Greul und Verzweiflungstaten zur Machterhaltung der Tintifraktion nicht zu registrieren und einfach als „normal" abzuspeichern, wurde von den meisten Bäumligen über die Zeit durch Zucht, Gewalt und durch systematische Jahrtausende lange Gehirnwäsche als „normal" empfunden.

Es lief alles nach im Grunde einer einzigen uralten schriftlichen Blaupause.

(Originalzitate aus der heiligen Tinte im Anhang 1 + 2)

Die sogenannte heilige Tinte war also nichts anderes als eine Schritt für Schritt Anleitung zum Weltuntergang, ein einziges Bekenntnis zur Lust am Bösen, zu Perversion und Brutalität und vor allem zu uneingeschränkter Macht und zur Gier nach absolutem Gehorsam:

Das waren keine Prophezeiungen, das war ein Plan.

Direkt ins Unterbewusstsein wurde den Erdlingen dieser Plan gepflanzt im Sinne einer weiteren Grundprogrammierung:
Im machtvollsten schöpferischen Zustand, in der meditativen Alphaschwingung einer traditionell möglichst täglich zu verrichtenden Pflicht - dem Gebet - wurde dann „dein Wille geschehe“ in lebenslanger Wiederholungsschleife rezitiert und so in die Manifestation gebracht.

Hier war mehr als nur Täuschung und Verführung im Spiel. Eine schwarzmagisch (da nicht offensichtlich, sondern über im Verborgenen erwirkte) induzierte Angst vor diesem angeblichen Gott, eine fast vollkommene Verblendung der Bäumlinge wurde hierdurch erreicht.

In seiner Selbstverliebtheit zeigte Tinti zwischendurch gerne ganz offen sein wahres Wesen und lachte den Geknechteten mit seiner teuflischen Fratze ins Gesicht, weil er sicher sein konnte, sie konnten, sie durften, sie wagten ihn nicht wahrzuhaben in seiner wahren Gestalt.

Zu perfekt waren seine Implantate in ihren Geist, die sie sehenden Auges blind machten.

Der Weltuntergang am Ende des unheilsamen Buches, war für den durch diesen fatalen Halbwahrheitsmix verbogenen, gebückten und auf die Knie seines offensichtlich verderbten Wesens gesunkenen Leser der heiligen Tinte nichts als die logische (durch den „logos“, das Wort hergeleitete), gerechte und verdiente Strafe für die böse Baumwelt.

Fast alle hatten – bewusst oder unbewusst – eine so große Ehrfurcht vor Tinti in den Knochen, dass sie die Schriften nicht so zu lesen

wagten, wie sie da standen oder dieses unheilige Werk ganz einfach ignorierten, ohne zu merken, wie sehr sie nach dessen Grundlage funktionierten.
Erst später, als sich die kosmische Grundschwingung allmählich lichtete, gab es mehr und mehr Baumwesen, die diese Angst nicht kannten, sie Kraft ihres unbeugsamen Geistes überwunden hatten und dieses Buch, in dem all die Gräueltaten und Vorhaben Tintis ganz unverhohlen beschrieben standen, so lesen konnten, wie sie klar und deutlich da standen und sich nicht von einer geistigen Berauschung durch symbolisch entzückende Passagen mit Mysterientiefe in einen theologischen Blindflug gleiten ließen.

Das Gleichnis vom Erdbeerkuchen

Es war einmal ein leckerer Erdbeerkuchen. Betörend anzusehen aus einem verführerischen Rezept gezaubert. Reich verziert mit tausend Windungen war er mehr eine Torte als ein Kuchen, welche alle, die sich mit dem Backen nicht auskannten (und das waren die meisten), als „göttlich“ oder „himmlisch“ bezeichneten. Der erste Biss zerging auf der Zunge wie süßer Sternenstaub und entzückte den Gaumen so sehr, dass die Zyankalistreusel im Abgang von den meisten nicht registriert wurden. Auch jene, die den bitteren Geschmack des Giftes bemerkten und vor allem dessen Wirkung, dachten bei sich, es müsste wohl an ihnen liegen. So ein schöner Kuchen! Wahrscheinlich litten sie nur an einer Geschmackverwirrung. Und da niemand etwas sagte, aßen alle brav auf. Bis sich die ersten übergaben.

Was mich tief traurig machte, war die Erkenntnis, dass die meisten Bonsais wirklich davon überzeugt waren, das Richtige zu tun und mit aufrichtigem Herzen ihren Tintiopferdienst taten. Sie waren sicher, dass ihr Herz, wie es in der heiligen Tinte wortwörtlich stand „verführerisch“ war, sie selbst grundschlecht und ob (der Erfindung) der Erbsünde eigentlich das Leben gar nicht verdient hätten und nur dank des in ihren Augen gnädigen Tintis überhaupt am Leben waren.

Zunächst fühlte ich eine ohnmächtige Wut über ihre Blindheit, ihre Verführtheit und wie es mir auch zuweilen schien: Dummheit. Mit der Zeit aber verwandelte ich meine Wut in Mitgefühl und den Wunsch sie von ihren geistig-seelischen Ketten zu befreien, die ich selbst nur zu gut kannte. Ich lernte zu akzeptieren, dass es Bäumlinge gab, deren Wille es nicht war, recht bald frei zu sein, die sich entschieden, noch eine gewisse Zeit ihren dunklen Herren zu dienen. An irgendeinem Ort war die Sehnsucht nach Befreiung ihres wahren Seins aber in jedem von ihnen vorhanden.

Ein Baum bleibt ein Baum. Die Verbindung mit der Quelle allen Seins kann von niemandem gänzlich gekappt werden.

Wenn aus der heiligen Tinte vorgelesen wurde, schienen alle in eine Art Trance zu fallen, mir fiel das am Gesichtsausdruck auf. Die Blätter hingen schlaff zu Boden als schliefen alle. Vielleicht auch eine Art Ergriffenheit, etwas oder jemand griff nach ihrem Verstand. Sie gingen energetisch schon beim Luftholen, noch bevor das erste Wort daraus vorgelesen wurde, in die Knie. Dort blieben sie, bis sie nach dem Schlusswort wieder wie nach einer Hypnose zu sich kamen. Während der heiligen Lesung atmeten sie ganz flach, es schien eine Art Automatismus zu sein, der sehr ansteckend war, eine Art Nebelhülle legte sich um den Geist. Mir selbst ging es genauso, aber es fiel mir wenigstens auf.

Erst später entdeckte ich, mit welch dunkler Magie der Bewusstseinsprogrammierung dieses Buch, wie die Riten und Glaubenssätze, die daraus gestrickt wurden, auf alle wirkten und welche wachstums- und bewusstseinshemmenden Installationen es in Stamm, Wurzelstock und in der Blätterkrone der Bäumlinge gab um diese gigantische Täuschung zu bewerkstelligen.

Dass wir uns alle durch das vor allem geschriebene Wort in eine Scheinwelt zerren ließen, die uns im reinen und somit manipulierbaren Denken gefangen hielt und alle anderen

Wahr-Nehmungen und Kommunikationsmöglichkeiten, die wir als Bäumlinge haben, nach und nach verkümmerten, das bemerkten nur ganz wenige.

Statt wahrzunehmen waren alle von mannigfaltigen Variationen Tintis Weltenentwurfs ÜBER-ZEUGT. Zeug kam über sie, Tintis Zeug und aus war's mit der Wahr-Nehmung.

Sie durften ja sowieso nur noch das „nehmen" was er ihnen zugestand, denn sie hatten nach Tintis Entwurf im Grunde überhaupt keine Rechte und mussten für alles, was eigentlich ihr Erbe war bezahlen: für die Geburt, für das DA-Sein, für den Boden, für das Wasser, für die Nahrung, sogar für die Krankheit, das Dahinsiechen, das Sterben und den Tod, für ALLES wurden sie von ihrem angeblichen Schöpfer und seinen Systemvasallen geschröpft! Alles, was sie jetzt noch durften, war zeugen und erzeugen für jene Welt des Schreckens, die Tintifax begehrte.

Das Gleichnis von den fünf goldenen Klangschalen

oder: Das Ende von Teufels Küche

Es waren einmal fünf goldene Klangschalen. Die standen frank und frei auf einer schönen Wiese und erklangen durch Wind und Regen, durch Sonne und Erde, durch Sterne und Planeten, durch galaktische Rhythmen und feinste Schwingungen des Seins. Ihre Gesänge und Vibrationen waren machtvoll und voller Schönheit. Da kam eines Tages ein Koch des Weges, der gerade Jagd auf einen Festtagsbraten machen wollte. Er sah die schönen Klangschalen und dachte bei sich: Wie gut ich diese Getöpfe doch für meine Küche gebrauchen könnte! Da stapelte er sie und nahm sie ohne lange zu fragen einfach mit. Die einen benutzte er als Salatschüsseln, andere um sein Süppchen zu kochen, die einen als Fleischwolf und andere einfach als Mülleimer. Damit sie vom kosmischen Klang gut abgeschottet waren, isolierte er die Küche mit schwarzem Teer. Die Küche hatte kaum eine Schwingung noch Vibration, ein Ort der Dunkelheit, abgeschnitten von allem was war. Die Klangschalen vergaßen nach und nach ihre ursprüngliche Bestimmung. Alles was sie kümmerte, war, womit der Koch sie befüllte und sie taten ihm brav den Dienst. Die Sehnsucht nach ihrem wahren Sein war jedoch immer in ihnen vorhanden. Damit ihnen das, wonach sie sich sehnten, nicht in den Sinn kam, legte der Koch sofort eine von abertausenden falschen Wortfährten. Das, wonach sich die Töpfe sehnten, wurde „Er-füllung“ genannt, damit sie dabei direkt an die „Be-füllung “ (den „Lebens-inhalt“)denken mussten und auf keinen Fall an ein Erklingen. Der Koch war sehr wissend, darum war im klar, dass der Kosmos alle rund 26.000 Jahre in eine Bling-Bling-Phase* kommt, eine Phase von hoher Vibration, die seiner Schwingung und vor allem seinen Plänen mit den Kochtöpfen nicht bekommen würde. Durch die Urkräfte stimuliert, fingen die Klangschalen am Beginn der Bling-Bling-Phase in der Küche an zu singen und zwar ganz von selbst.

*Präzession der Erde

Die Küche war zu wenig dicht und die kosmische Vibration einfach zu stark, trotz aller vorbereitenden Maßnahmen des schlauen Kochs.

Damit die Gefäße sich ja nicht plötzlich auf ihr wahres Sein besannen, musste er ein Ablenkungsmanöver starten. Ihm war schon seit Jahrtausenden klar, dass seine Küche irgendwann einfach zu schwach sein würde, um die Schalen von ihrer Heimatschwingung, dem „Alles was ist“ zu trennen. So sorgte er vor. Zunächst erzählte er ihnen schon Jahrausende vorher, dass einmal etwas ganz großes passieren würde, etwas wo „Himmel und Erde“ beben würde. Er erzählte ihnen, dass dies der Untergang von allem sei und er derjenige sei, der dann darüber entscheiden würde, wer von den Töpfen diesen Untergang überleben würde und wer nicht. Außerdem erzählte er ihnen, falls sie sich dann in dieser „Zeit des Endes“ plötzlich friedlich, sicher und gut fühlen würde, dass genau dann im Augenblick der Erlösung die totale Zerstörung käme, falls sie sich nicht voll und ganz an ihn klammern würden. Natürlich sei <u>er</u> derjenige, der dieses Ende oder diese Wende in die Wege leiten würde, da er allmächtig sei. Die Küche löste sich in der Bling-Bling-Phase aber schneller auf wie geplant. Er versuchte verzweifelt mit den Kochlöffeln auf die Töpfe einzuschlagen, sie mit weißem Giftnebel zu betäuben und setzte die ganze Küche unter künstlichen Strom, um seine zerstörerische Schwingung doch noch irgendwie in die Schalen zu dröhnen. Wie eine Fata Morgana wurden die alten Mauern der Küche aber immer mehr durchscheinender, durchlässiger und zerbröselten letztendlich in der neuen Frequenz, mitsamt den Kochlöffeln und allen anderen Folterwerkzeugen. Die Inhalte mit denen der Koch sie gefüllt hatte wurden aus ihnen durch diese Vibration förmlich hinausgeschleudert oder aufgelöst und nur einige wenige hatten vor dem Koch so sehr Angst, dass sie noch eine Zeit lang „Küche“ spielten. Jede Schale hatte ihr eigens Timing, wann sie wieder erklingen wollte und den ganzen alten Müll loslassen. Der Prozess selbst war jedoch unaufhaltsam. Mit der Zeit hatte sich sowohl der Koch als auch seine dunkle Küche vollkommen im neuen liebevollen Klang aufgelöst. Die Klangschalen wussten wieder wer sie waren und tanzten frei klingend und schwingend in kosmischer Glückseligkeit auf ihrer schönen Sommerwiese.

FÜNFTER KLANG – VATERS ERBE

Mein Vater war ein Worteliebender, ein besonders großer Leser. Er war aber nicht nur ein Worteliebender, er war ein wahrhaft liebender Mensch und das wichtigste, was er uns Kindern hinterließ, war jene immer wiederkehrende Aussage: „das Wichtigste ist die Liebe."

Nicht nur die heilige Tinte war ihm von Interesse, er las und las den ganzen Tag und erlangte ein enormes Wissen über die offiziell tradierte Geschichte, Philosophie, Literatur und über andere Religionen. Die religiöse Diskussion war seine Bühne. Bäume aus Nah und Fern kamen zu uns, um mit ihm zu sprechen. Ahornbäume, Kastanienbonsais, Birklinge, sogar eine Mimose war einmal bei uns. Sie behauptete, sie könne durch Geisteskräfte ihren Magen umdrehen, worüber sich mein Vater zeitlebens amüsierte und lustig machte. Alles was nicht unmittelbar verstandesmäßig nachvollziehbar war, war für ihn lächerlich, weswegen sich die Mimose mit dieser Ansage ein für alle Mal als ernstzunehmender Gesprächspartner in Vaters Augen disqualifizierte. Stets raschelte es ordentlich im Blätterwald bei diesen Diskussionen. Die meisten Besucher behaupteten, im Besitz der Wahrheit zu sein. Dass dieses Thema die Gemüter der Bonsais dermaßen dramatisch erhitzte, war der Überzeugung zuzuschreiben, dass fast alle dieses Thema mit einem vermeintlichen Freispruch zum ewigen Leben oder Todesurteil durch den „Höchsten“ verbanden, statt freudig gemeinsam zu forschen und Erkenntnisse auszutauschen.

Vaters Wissen war grandios, kaum einer konnte ihm das Wasser reichen, aber nicht nur das. Immer wenn sich die Diskussionsparteien – stets Anhänger unterschiedlicher „wahrer“ Religionen – in den Haaren lagen und es anfing so richtig ungemütlich zu werden, fiel meinem Vater wie aus heiterem Himmel irgend ein humorvoller Sinnspruch ein, der ebenso geistreich wie befreiend war und alle in schallendes Gelächter ausbrechen ließ. Wenn eine Debatte, in dem sich die Gegenparteien verbal zu zerfleischen drohten, durch Vaters geistreichen Humor sich in befreiendes Gelächter auflöste, dann erfüllte sich der ganze Raum mit Licht. Mein Vater leuchtete in solchen Momenten wie eine gerade aufgehende Sonne, die alles einte, alles verband, alles heilte. Ich genoss diese Augenblicke über alles und liebte meinen Vater für diese Fähigkeit, die niemand wie er beherrschte, am meisten.

Für mich waren dies heilige Momente. Ein Baum, der die Fähigkeit hatte, durch ein paar Worte eine am Tiefpunkt angekommene Stimmung der Feindschaft binnen Sekunden in erlösendes, gemeinsam schwingendes Lachen zu transformieren - das war für mich nicht nur ein Gelehrter, das war ein Meister. So lernte ich viel und versäumte keine Diskussion. Er war ein Magier des Lachens, ein Heiliger der Freude. Ich wollte unbedingt so werden wie er.

Trotz seiner Sehnsucht, alle Erdlinge ungeachtet der Unterschiede in Freude zu einen, gehörte auch er der Apfelbonsai-Religion an. In unendlichen Wortgefechten kämpfte er für sie, was für mich immer widersprüchlicher wurde. Seine Meisterschaft des verbindenden, alles und jeden erlösenden Lachens in seiner Intention, Größe und Tiefe widersprach seinem offiziellen Glauben an einen „die Anderen“, „die Ungläubigen“, „die Falschgläubigen“, „die Bösen“ vernichtenden Tinti. Immer mehr Dinge entdeckte ich in der Bonsaireligion und ihren unheiligen Büchern, die nicht nur widernatürlich, sondern verbogen und wie ich später herausfand auch einfach gelogen waren.

Mein Vater glaubte aber auf jeden Fall eines, dass wenn er diesen Apfelbonsaiverein verlassen würde, er endgültig sterben würde. Und nichts fürchtete er mehr als den Tod. Denn er hatte dem Tod schon ins Angesicht gesehen, im Krieg, im 2. Baumkrieg. So vollbrachte er die unglaublichsten und elegantesten Verrenkungen mit seinem Verstand, damit alles irgendwie ein logisches Gesamtbild ergab. Lange Zeit behielt ich meine Bedenken für mich, aus Respekt und auch aus Liebe zu meinem großen Vorbild, ich wollte ihn nicht enttäuschen.

Allzu lange jedoch konnte ich meine Erkenntnisse über die Natur des Kosmos, welche der Lehre der Apfelbonsailer meist vollkommen zuwider liefen, nicht verbergen. So begann ein steiniger Weg der Ächtung und der Verurteilung durch die Apfelbonsailer, ein Weg unter dem Todesfluch des schrecklichen Racheschröpfers Tinti. Meine Eltern mussten mich nun als störrisches Element ihrem blutdurstigen Gott übergeben, wobei zunächst nur die Ächtung verhängt wurde und der Vollzug der

Schlachtung erst beim Jüngsten Gericht stattfinden sollte, immerhin.

Angesichts der Geschichten in der heiligen Tinte, wo störrische Kinder sofort gesteinigt, Jungfrauen als Opfer für den „Herrn“ geschlachtet werden, freche Kinder von gottgesandten Bären gefressen werden und Erstgeborene eines ganzen Landes pauschal als Züchtigungsmittel für Herrschende ermordet werden *(siehe Originalzitate im Anhang 2)*, hatte ich ja fast noch Glück. Schlachtung und Opferung, Willkür und der ständige Schrei nach absolutem Gehorsam seiner Vasallen waren Tintis Steckenpferde. Trotzdem mussten seine Diener ihn als „liebevollen Gott“ anbeten, was eine einzige große offensichtliche Lüge war. Aus diesem Grund wurde das Wort „Wahrheit“, welches am wenigsten auf all die Glaubensvorstellungen zutraf, in gebetsmühlenartigen missbräuchlichen Dauerwiederholungen in den Mund genommen und den Tintifaxdienern in sämtliche Bewusstseinsschichten gehämmert.

So wurde ein Todesmythos zur Wahrheit und die Wahrheit des Lebens zur Lüge.

SECHSTER KLANG – ES RAUCHT IM KARTON

Abgesehen von religiösen Manipulationsprogrammen bedienten sich die Tintis einer Vielzahl von Strategien, die sich über Jahrtausende als Evergreens in Sachen Bonsaiführung etablierten: Teile und herrsche, Chaos stiften um zu „ordnen“, Brot und Spiele, Show und Massenframing, künstliche Probleme mit fesselnden Lösungen schaffen, „böse seid ihr, büßen müsst ihr“ in der Endlosschleife zum Ohrwurm etablieren, Untergang simulieren, „rettende“ Schlingen und „Menschenfischer“, die in die „Arche“ names Ti*n*tanic führen, anbieten; technische wie digitale Krücken für Kommunikation, Zusammenleben, Fortbewegung, Wahrnehmung und Unterhaltung bieten, bis die natürlichen Fähigkeiten wenn möglich so degeneriert sind, dass ohne Digitalkrücken nichts mehr geht und die Welt der Erdlinge durch konsequente – im Namen von Gesundheits- und Umweltschutz durchgeführte - Nahrungs-, Luft-, Medizin-, und Umweltvergiftung in die Knie zwingen. *(Anhang 5)*

Einen reichhaltigen, kreativen und durchaus spitzfindigen Einfallsreichtum diesbezüglich müssen wir Tintifax tatsächlich zugestehen.

Die Religionen verloren im Laufe der Zeit nach außen hin etwas an Attraktivität, doch die religiöse Blaupause blieb im Hintergrund als tragendes Grundgerüst bestehen. Das grundsätzliche Schuldbewusstsein, wie der in verhängnisvolle Kanäle geleitete Drang, sich hingebungsvoll mit etwas Größerem verbinden zu müssen, das im Außen lag, war im Laufe der Zeit erfolgreich in den meisten verankert.

Alles was uns ausmachte wurde auf eine Kraft außerhalb unser selbst gelenkt, gelockt und ausgerichtet. Wer ganz und gar in seine scheinbare Physis hineinreduziert und somit vollkommen eingekerkert war, durfte dann an den Materialismus glauben. Mit diesen Religionsanhängern hatte es Tinti am leichtesten, weil sie für alle seine im Verborgenen und Feinstofflichen – sprich Frequenz- und Schwingungsbereich - installierten Implantate vollkommen blind waren. Sie bezeichneten sich gerne als „Realisten", weswegen ihr Slogan hieß: „Ich GLAUBE! nur (was ich sehe)".

Dass alle Bäumlinge Licht- und Schwingungswesen sind, wurde jedoch zu einem bestimmten Zeitpunkt der Frequenzanhebung sogar wissenschaftlich bewiesen. Die Materiegläubigen konnten sich auf ihre Wissenschaftspriester also nicht mehr verlassen, da es unter ihren Reihen im Laufe der Zeitenwende nun solche gab, die frei von Dogmenkäfigen forschten und zu dementsprechend Paradigmen erschütternden Ergebnissen kamen.

(Anhang 3)

Ich fragte mich, nachdem mir die Lage in ihrer Ungeheuerlichkeit damals zum ersten Mal so richtig bewusst wurde: Wieso betreibt eine dunkle Macht, wieso betreibt überhaupt jemand einen so dermaßen gewaltigen Aufwand um diese Erdlinge zu beherrschen?

Die Antwort lautet: weil die Erdlinge etwas haben, was den Dunkelmächten fehlt: Die Schöpferkraft. Sie können daher nur DURCH uns erschaffen. Die Macht Welten zu erschaffen liegt nämlich in unseren Händen. Diese Wahrheit vor den Erdlingen zu verbergen war die Existenzgrundlange für die Tintis und ihr Reich. Solange sie uns unbewusst halten konnten, riefen wir ohne es zu merken - für sie - ihre Entwürfe einer Welt voller Schrecken, Leid, Ohnmacht, Mangel und Krankheit ins

Leben, weil wir an ihre in den unheiligen Büchern gezeichneten Entwürfe glaubten.

Wenn wir erwachen, ist dies nicht mehr möglich und die Welt der Tintis zerrinnt ohne unsere Aufmerksamkeit, ohne unsere Gefühls- und Energiezufuhr zu Staub. Jetzt mitten im Geschehen zu erleben, wie wir majestätischen Wesen uns nach und nach aus dem Spinnennetz der Täuschung und Versklavung befreien, ist ein unbeschreiblich erhebendes Ereignis.

Es dauert halt eine gewisse Zeit bis die ganze Verdrehung ans Tageslicht kommt in ihrer ganzen Tragweite. Durch die kosmische Schwingungsanhebung des Planeten und einer allmählichen Auflösung des niedrigen Frequenzspektrums, welches es den Tintis über Jahrhunderte ermöglichte, ihre Täuschungsherrschaft aufrecht zu erhalten, fängt es immer mehr Bäumen an zu dämmern. Die kosmischen Sonnen durchdringen mit ihren Liebesschwingungen das sich auflösende Magnetfeld und die dunklen Illusionskeller werden sichtbar. Die Kraft der Tintis schwindet vor und hinter den Kulissen. Dies zu verbergen, sind sie noch äußerst bemüht.

Jeder erwachende Baum brauchte eine gewisse Zeit, um Luft zu holen, diese Ungeheuerlichkeit in ihrer ganzen Tragweite zu fassen um sich daraufhin an jene Freiheit des Seins, jene entfesselte Liebeskraft wieder zu gewöhnen, die seiner wahren Natur entsprechen.

Jetzt geht es darum, sich trotz oder gerade wegen der schockierenden Enthüllungen über Tintis Manipulationsregime voll seiner ureigenen stets präsenten Bäumlingskraft zu erinnern und sie dadurch wieder zum Leben zu erwecken.

Die Tintis versuchen nun am Ende, da ihre Machenschaften durch ansteigende kosmischen Schwingung und lichtvolle Hintergrundkräfte in sich zusammensacken, sogar noch aus ihrer eigenen Entlarvung Kapital zu schlagen. „Verstecken geht jetzt nicht mehr. Dann machen wir es anders: die sind eh alle erschüttert und fleißig beschäftigt unsere Taten zu enthüllen, also geben wir ihnen noch schrecklichere Daten. Aufgrund der enthüllten Schrecknisse und der ständigen Beschäftigung damit werden sie so schockiert sein, dass wir sie ein weiteres Mal unter Volllähmung stellen. Wir zeigen uns noch furchtbarer und mächtiger als wir es je waren, damit sie während sie uns aufdecken unter Schock gebracht werden und sich dann gar nicht mehr bewegen können." So die neue Linie.

Am Anfang wurden die Wahrheitssucher und vor allem die -finder lächerlich gemacht, bekämpft, mit Maulkörben versehen oder gleich verunfallt. Nachdem die Maske der Tintis aber unweigerlich fällt, wird die Strategie gewechselt. Die Aufdecker und Aufklärer werden zum Teil von den Tintis selbst mit Informationen gefüttert und dazu angehalten den Geist der Bäumlinge auf ihre dunklen Machenschaften zu fokussieren. Zu wissen und zu enthüllen, wie ungeheuerlich und machtvoll sie uns manipulierten treibt manche sehr wertvolle, mutige und geniale Aufdecker in eine vorübergehende erneute Angststarre und bringt sie dazu, sich wiederum mit ihrer Aufmerksamkeit auf den Würgegriff der Tintis zu konzentrieren, statt zu erkennen, dass Tintifax die Hosen voll hat und vor dem Abgrund steht.

Manche Enthüllungsarbeiter erliegen nahezu dem Thrill „das Böse" zu entlarven ohne zu merken, dass nach wie vor das kosmische Gesetz: „Es wächst, worauf du deine Aufmerksamkeit richtest“ wirkt. „Schau auf deinen Pfad, wohne in deinem Herzen“ sagte die Marienkäferdame. Sich mit Maß und Ziel der „Enthüllungsshow“ widmen. Den Fokus auf die neue Schwingung lenken und aktiv die Freude und sein wahres Schöpferkraft-SEIN leben und wiederentdecken.

Wie viele Windungen der dunkle Kaninchenbau ganz genau hatte, ist zum jetzigen Zeitpunkt nicht unbedingt mehr für jede Seelenaufgabe von Relevanz.

(Anhang 4)

Das Bewusstsein um unsere göttliche Quellverbundenheit ist jene Macht die gegen jedes Gift, jeden Angriff, jedes ungerechte Gesetz und die Erfindung der Angst vollkommen immun macht, weil die Dunkelheit mit der eigenen Schwingung nicht mehr kompatibel ist.

Übst du dies im kleinen Rahmen, dann bemerkst du rasch, dass dies die Möglichkeit zu vollkommenem Schutz durch vollkommene Strahlkraft ist. Du wirst somit „unsichtbar“ für deine vermeintlichen Gegner und lähmst ihr altes Waffenarsenal allein durch deine

Schwingungspräsenz und eventuell durch eine würzige Prise Humor, welche sich dann gerne zeigt.

Du gehst dann vollkommen angstfrei in der Höhle des Löwen spazieren und weißt genau, wann es Zeit ist, ihm die Aufmerksamkeit voll und ganz zu entziehen und somit die Kraft.

Erst wenn du dir einerseits deiner Macht und der positiven kosmischen Grundtendenz, die sich konsequent auch ohne dein Zutun steigert, bewusst bist, solltest du anfangen, dem Tintifax und seinen Knechten unters dunkle Faltenröckchen zu schauen.

Die große Herausforderung ist es, sofort – nicht irgendwann in ferner Zukunft – schöpferisch tätig zu werden, diese Kraft in dir zu spüren und sie zu leben. Die Tintis werden nicht besiegt, sie werden ignosiegt und schöpfosiegt und schmelzen, wenn du genau hinsiehst, an der immer höheren Erdschwingung wie ein Eiswürfel im heißen Tee.

Intelligenter Humor, nicht Panik, ist angesagt, wenn du dich mit ihren Machenschaften beschäftigst oder dich damit konfrontiert siehst.

Hör auf, dich auf ihre Schöpfungen zu sehr zu konzentrieren. Erschaffe endlich selbst. Durch deinen Geist, deine Vision, dein Gefühl und deine Liebe. JETZT. Du BIST Schöpfer, also verhalte dich so. Du bist mächtig und erschaffst sowieso die ganze Zeit. Ein bewusster Schöpfer richtet sein Auge auf das, was er erschaffen will und erschafft sich so seine gewünschte Wirklichkeit. Ein unbewusster Schöpfer denkt stets an das, wovor er Angst hat oder worauf seine Aufmerksamkeit „gezogen“ wird und erzeugt oder stärkt dann eben diese unerwünschte Wirklichkeit. Das ist der Unterschied. Werde dir deiner Macht und Verantwortung als Schöpfer bewusst.

Dadurch geschieht das Wunder.

Wir leben in der spannendsten aller Zeiten. Die Ziele der Tintis, die sich so sehr bemüht hatten, die ganze Erde in einen sonnenfernen schwarzen klebrigen Morast zu verwandeln, der den meisten Bäumen schon bis zur Krone stand, schlagen jetzt fehl und zwar so sanft und so gewaltig, dass es nur noch so bebt im kosmischen Karton.

Mutter Erde, ihre kosmischen und irdischen Geschwister und alle scheinbar schlafenden, ins Reich der Fantasie verbannten guten Kräfte und Wesenheiten brechen sich ihren Weg und fluten Tintifax und seine Schattenillusion. Loslassen darf er nun, der Tinti und sich mit seiner eigenen Angst vor dem Tod beschäftigen und mal selber ganz aufrichtig mit den Fragen: „Woher komme ich, wer bin ich, wohin gehe ich“. Was er da herausfindet, würde mich dann auch noch interessieren, aber das kann ja ein Weilchen dauern. Bis dahin gibt es einiges zu erschaffen. Jeder, der diese Vorgänge mit hellem Geist und mutigem Herzen wahrnimmt, weiß um die glückliche Zukunft, in welche dieses nun vergangene Drama unweigerlich mündet.

SIEBTER KLANG – DIE HOCH-ZEIT DES WANDELS IN DER ERDENSPHÄRE

Vor dieser großen kosmischen Wende, als ich selbst noch mehr Sorge als Zuversicht in mir trug, machte ich mich zunächst auf den Weg in die Ferne, wobei ich meine Wanderungen ausschließlich im Geiste vollzog und physisch stets im Bonsaigarten anwesend blieb.

Das Wandern war mühsam für uns Bäume. Während der Wanderschaft zogen wir unsere Wurzeln ja sinnbildlich aus dem Erdreich, um von der Stelle zu kommen. Dazu musste ein Baum die Fähigkeit erlangt haben, sich eine Zeit lang nur von der Sonne ernähren zu können, er musste photosynthetisch richtig gut drauf sein. Die tiefe physische Nahrungsverbindung zu Mutter Erde war beim Reisen nicht so direkt gegeben. Ich tat mir anfangs schwer, doch mit der Zeit spazierte ich recht munter über Hügel und Täler.

Eines Morgens wachte ich am Fuße eines mächtigen Baumes auf. Die Vögel zwitscherten und die ersten Sonnenstrahlen küssten meine Blätterkrone, als ich eine Stimme vernahm: „Wir haben lange auf dich gewartet, doch kommst du zur rechten Zeit. Die Erde liegt in Geburtswehen und wir werden ihr helfen, sich neu zu gebären.“ „Wo war ich, wer sprach da?“

Zwei mächtige Astarme hoben mich in die Höhe und ich sah der Tausendjährigen Eibe mitten ins Gesicht. Mein Baumherz schlug mir bis zum Hals. Ich hatten schon viel von diesem alten weisen Baum gehört, doch dass er nicht nur ein Mythos war, dass es ihn tatsächlich gab, diese Entdeckung war einfach phänomenal. Die Arme der Eibe waren so stark und groß, dass ich mich wie ein Baby in Mutters Armen fühlte. Ein unbeschreibliches Gefühl von Wärme und Angekommen Sein breitete sich in mir aus. Trotz ihres Alters sah die alte Eibe noch ganz knusprig aus, ihre Augen alles andere als altersschwach oder müde. Sie funkelten vor Lebendigkeit und ein glasklarer Schalk blinzelte mich aus diesen Augen an. Sie hatte Humor. Nicht jenen, den man sich aneignet, um das Leben zu ertragen, nicht jenen, den mein Vater hatte, um die Menschen zu einen. Dieser Humor hatte einen Urgrund, aus dem die Götter lachten. Wenn die alte weise Eibe dermaßen gut aufgelegt war, dann hatten wir Hoffnung, soviel war klar.

Am liebsten wäre ich aus Erleichterung gleich wieder eingeschlafen, doch alles andere als dies stand damals an. Ich wurde von der Eibe, wie einige hunderte von anderen Bäumen, die sich physisch oder geistig um die Eibe versammelt hatten zur Hebamme ausgebildet. Besser gesagt, ich absolvierte eine Art Praktikum und alles, was ich je gelernt hatte kam nun zum Einsatz.

Die Wehen der Erde waren heftig und doch voller Liebeskraft. Wir Bäume hatten die Aufgabe, diese Wehen zu begleiten, zum Teil zu verstärken, gegebenenfalls auch etwas abzuschwächen, wenn es zu heftig wurde. Die Arbeit war intensiv, doch mit jeder Liebeswelle empfand ich, wie sehr wir alle, die wir hier der Erde halfen, mit ihr verbunden waren und selbst auch Gebärende waren.

Es waren weniger Bäume gekommen als ursprünglich geplant, so mussten diejenigen, die nun vor Ort waren mehr leisten. In dem Moment, als die letzte Wehenwelle durch uns rollte und ihren Zenit überschritten hatte, brach ich zusammen und versank in einen tiefen Schlaf.

Diesmal erwachte ich auf einer saftigen, in allen Grüntönen wogenden Waldwiese, als mich wieder die alte Eibe weckte. Sie wirkte Jahrzehnte jünger, nahezu jugendlich und sprach zu mir während sie sich ein paar schmackhafte Walderdbeeren gönnte: „Du bist müde, müde vom Jahrtausende alten Kampf gegen oder für etwas. In allen Facetten des Dunkels und des Lichts hast du bereits gekämpft. Erfolgreich, erfolglos, doch immer wieder gebremst durch die Angst, nicht mehr ganz sicher zu wissen, wohin die Reise geht. Entledige dich jetzt deiner Schuldgefühle, lege sie ab, wie einen alten Hut, der dich zu Boden drückte. Erkenne, dass auch du, wie alle, unschuldig schuldig geworden bist, weil jeder der Dunkelheit seinen Tribut zahlte, um zu reifen und am Ende in ein noch strahlenderes, bewussteres und reichhaltigeres Liebeslicht zu tauchen als zuvor."

Sie öffnete eine große alte Schatulle, in der eine große Menge Edelsteine auf rotem Samt gebettet lagen. „Erkennst du deinen Freund wieder?" Ja, das tat ich. Denn ein einziger aus den vielen wunderbar funkelnden Steinen sprang mir sofort ins Auge, besser gesagt, fing an, sofort mit mir zu schwingen und zu kommunizieren. „Er wird zu einem bestimmten Punkt durch einen anderen Stein abgelöst werden, der dich dann bis zu jenem Tage begleitet, an dem du diese meine Wort ganz und gar verstehen wirst.“

Ich vergaß diesen Traum zunächst und alles was mich wie ein Klang an ihn erinnerte, war ein wunderbarer Amethyst, den ich zwei Wochen später im Bonsaigarten von einem Lehrer geschenkt bekam. Den Stein zu fühlen war wie ein Wiedersehen mit einem alten Vertrauten und ich kommunizierte mit ihm auf jene Art, wie man es mit Steinen eben tut. Er beschützte mich, reinigte mich und stimmte meinen Klangkörper in einer neuen Tonlage. Dann verlor ich ihn eines Tages wie von der Eibe erklärt, um dann von einem nährenden Malachiten und einem mächtigen Bergkristall begleitet zu werden.

Fast drei Baumringe brauchte ich, um wieder vollständig auf die Wurzeln zu kommen. Hätte mir die Eibe nicht eine wilde, bezaubernde und mutige morgenländische Platane zur Seite gestellt, die mir dabei half mich wieder zu erden, wäre dieses Unterfangen kaum gelungen. Die Platane beschützte mich wie ein Mammut vor allem, was mich nur im Geringsten bedrohen hätte können. Sie wich nicht von meiner Stelle und liebte mich mehr als irgendein anderer Baum es je zuvor tat. Sie sprach eigentlich eine ganz andere Sprache. Sie war sehr orientalisch und etwas zu altmodisch. Trotzdem war sie mir vollkommen vertraut, als begegnete ich ihr nicht zum ersten Mal.

Für meine Wind- und Sternenerfahrungen hegte sie kein besonderes Verständnis, ja nicht einmal die Geschichte mit der Eibe war für sie von Interesse. Alles, was sie wollte, war es, mich zu beschützen und zu lieben und mich fest zu halten und zu wärmen. Manchmal hielt sie mich so fest, dass ich fast keine Luft mehr bekam, aber sie meinte es von ganzem Herzen gut mit mir. Sie päppelte mich auf und nervte mich mit ihren eigenartigen Gewohnheiten und ihrer Sturheit. Sie war sehr temperamentvoll, überaus lebendig, voller Überraschungen und rasch mürrisch, wenn ihr etwas gegen den Strich ging. Trotzdem liebte ich sie von Anfang an. Sie sollte mich noch sehr, sehr lange begleiten.

Die ersten Tage und Wochen der neu geborenen Erde bekam ich also kaum mit. Ich war mit meiner Erschöpfung und mit meiner glühenden Liebe zur morgenländischen Platane beschäftigt und das war gut so. Die tausendjährige Eibe wusste, was mich wieder wurzeln ließ: die Liebe. Als ich wieder kräftiger wurde, begann ich, erste Blicke aus meiner nun behüteten, von der Platane streng bewachten Welt, nach draußen zu werfen.

„Richte deine Aufmerksamkeit jetzt auf das Neue. Du bist nun frei, schau nicht mehr zurück. Gib dem Alten keine Kraft mehr“, sprach meine Seele zur mir.

Dass ich die Stimme meiner Seele so deutlich hörte war für mich ein Zeichen, dass sich etwas Großes getan hatte. „Richte deine Aufmerksamkeit auf dein Herz und sprich: ich verbinde mich mit der licht-und liebevollen Quelle allen Seins. Dann sei einfach still. Lass alles frei fließen. Dein magisches Werkzeug, dein Herz, die Zauberquelle voller Heilkraft und Segen, welches dich mit dem Ursprung, mit allem was ist, verbindet, ist nun wieder voll funktionsfähig. Wenn du dies öfter machst, bleibt die Verbindung aktiv und du brauchst sie nicht mehr so oft bewusst herstellen. Ist dein WAHRES SEIN aktiviert, gibt es nicht mehr viel zu tun, aber vieles zuzulassen. Der Strom der Liebeskraft füllt, löscht, wäscht, reinigt, klärt, ernährt, heilt aus eigener Kraft, lasse ihn einfach SEIN. Sei einfach. Dann wird dein Leben der manifestierte Traum von Heilung, Liebe, Harmonie, Verständnis, echter Freiheit und Freude."

ACHTER KLANG – BEFREIUNG DURCH SELBSTVERGEBUNG

Meine Seele sprach zu mir auf vielen Wegen und der Kosmos antwortete und begleitete mich auf diesem wunderbaren Abenteuer der Befreiung. Einer der größten und machtvollsten Schritte war die Selbstvergebung, an die uns die Eibe erinnerte:

„Das schwierigste am ende unserer langen
wege in die dunkelheit ist die selbstvergebung

Viele spirituell orientierte menschen sind lieber
opfer gewesen als täter
Vergeben lieber anderen als die eigenen
täterrollen in betracht zu ziehen
Sie ignorieren damit jegliche innere stärke und
macht
Da sie diese für schlecht oder gewaltvoll halten

Andere menschen weigern sich beharrlich, ihre
opferhaltung anzuerkennen
Die eigene schwäche, die eigene ohnmacht
Sie kasteien sich lieber jahrelang mit schuld-
gefühlen, selbstvorwürfen und
selbstvergebungsversuchen

Doch jede reife seele hat beide pole gelebt und sämtliche rollen gespielt

Sonst wäre sie nicht reif

Selbstvergebung spielt eine wichtige rolle auf diesem inneren weg der reifung
Durch sie wächst die emotionale unabhängigkeit von anderen menschen, aber auch von strukturen und systemen

Selbstvergebung betrifft nicht nur uns selbst
Erwärmt und öffnet aber unser herz für alle anderen an die wir bisher in unbewussten schuld- und minderwertgefühlen gebunden waren
Wenn die zeit reif ist, geht kein weg daran vorbei

An einer bestimmten stelle unserer entwicklung steht die forderung der selbstvergebung wie ein saturnischer hüter vor uns und lässt uns selbst auf unserem eigenen weg nicht an sich vorbei

Wir erleben dies in unserem alltag in verschiedenen situationen, da schuld- und minderwertgefühle gegenüber anderen herrschen,

Eifersucht, neid und konkurrenzdruck innerhalb einer gruppe, aber auch als wunsch bloß nicht in erscheinung zu treten, uns nicht zu zeigen, nicht im mittelpunkt zu stehen oder geradezu als panik in solchen situationen

Selbstvergebung ist selbstliebe
Sie ist der schwierigste und letzte schritt unserer absteigenden wege am punkt der umkehr

Unsere heilige pflicht, uns jenen schmerz zu vergeben, den wir einst uns selbst und anderen lebewesen zugefügt haben.

Versetze dich einfach 14.000 jahre zurück
Uralten aggressionen folgten schuldgefühle
Diese ergossen sich in verteidigungsmaßnahmen, innere entschuldigungen und weitere aggressionen, denen neue schuldgefühle, neuer rechtfertigungsdruck und neue ungute entscheidungen folgten
Ein immer wiederkehrender tanz der gefühle zwischen ohnmacht und macht
Ein ganz natürlicher reigen der dualität durch die jahrtausende
So haben wir uns mit der zeit ein dichtes inneres und äußeres netz geflochten

das heute noch unsere seelen fesselt und
unseren körper durchzieht

Die notwendigkeit der selbstvergebung
erkennen wir in fehlender selbstliebe und
mangelndem Selbstwertgefühl, in neid und
rechthaberei, in kontrollbedürfnis und
herrschsucht, in der angst
vor dem alleinsein, im gefühl sich selbst nicht
genug zu sein, nicht mit sich selbst sein zu
können und im helfersyndrom, im ständigen
hang zur sorge um andere

Solche emotionalen zustände zeigen die
unfähigkeit unsere eigene göttliche unschuld
und reinheit anzuerkennen
Es zeigt die innere weigerung, uns selbst die
absolution zu erteilen, was ohnehin niemand
anders tun könnt

Schuldgefühle sind egosache
Unschuld ist die natur der seele

Solange dieser innere kriegszustand gegen die
eigene seele herrscht, sind wir im äußeren
leben liebes- und handlungsunfähig
Viele menschen spüren in dieser zeit etwas
großes und wunderbares in sich

und zweifeln gleichzeitig mit langjähriger
vehemenz daran
Es ist ein innerer kampf zwischen der seele,
die erblühen
und dem ego, das sich im erdloch verstecken
möchte
Warum will es das?
Es wird einen grund geben, in früheren leben
Die seele kennt ihn auch
Sie möchte ihn sühnen und in neue lichtkraft
verwandeln
Das ego möchte ihn totschweigen und
begraben halten
Doch der aufstieg all dieser alten erinnerungen
ist unaufhaltsam
Und so ist selbstvergebung notwendig und
heilend

Und ausgerechnet dann, wenn die zeit der ei-
genen inneren größe gekommen ist
melden sich auch die zweifel,
die schuldgefühle, die angst, der neid und alle
anderen

Und natürlich
melden sich diese pole gleichzeitig
denn sie müssen ja verschmelzen und
gemeinsam eine neu kraft bilden

Und natürlich
haben wir aus gutem grund angst vor unserer
inneren größe
Schließlich kommen wir gerade aus einem
langen dunklen zeitalter herausgestolpert
Wie aus einem großen dunklen wald, in dem
wir lange umhergeirrt sind.
Wir müssen uns erst einmal an das licht in
uns selbst gewöhnen

Und ein bischen dafür tun.

Die selbstvergebung macht große schritte in
die neue landschaft
Sie ist ein selbstgewählter pfad, ein geistiger
akt der selbstermächtigung
der ohne jeden priester, lehrer und guru
auskommt

Selbstvergebung findet eigene worte und
eigene bilder
Sie ist die hingabe an uns selbst in den
dunkelsten zeitaltern

Selbstvergebung ist ein bedingungsloses zu
uns selbst stehen

Gleichgültig was wir alles auf dem kerbholz
haben mögen
Selbstvergebung ist kein spiritueller
selbstzweck
Hat nichts mit den zielen des menschlichen
verstandes zu tun

Selbstvergebung befreit die eigene seele
aus verstrickungen vieler zeitalter, situationen
und menschen

Und dabei entsteht selbstverwirklichung.

Selbstverwirklichung hat die alten formen
abhängigen lebens losgelassen
und die eigene göttlichkeit im körper
aufgenommen

Selbstverwirklichung setzt den eigenen
inkarnationsplan in die tat um
und verwirklicht die absichten der seele

Selbstverwirklichung ist für viele menschen
oberstes ziel

Und doch
haben es bisher die wenigsten erreicht.

Und wenn, dann nicht nur mit konventionellen, gesellschaftlich anerkannten mitteln, so
wie das außen probat erscheint
sondern zusätzlich mit heiligen, geheimen ritualen.

Selbstvergebung ist ein solches ritual
vielen menschen erscheint dieses wort anrüchig
sie haben gelernt, dass nur gott vergeben kann
und dies durch seine priester tut
gott vergibt und priester oder pfarrer dürfen im rahmen der kirchlichen beichte vergeben
doch wie weit reicht diese vergebung durch andere.

Wenn ich mir selbst in meinem tiefsten inneren irgendetwas bestimmtes oder unbestimmtes ums verrecken nicht vergeben kann
gleichgültig ob ich weiß was es ist oder nicht
nun, in den meisten fällen wissen wir es natürlich nicht
und nein wir müssen es auch nicht wissen
wir können es gar nicht wissen, da wir ja selbst die stationen unserer reise durch die menschheit vergessen haben

nicht das wissen um die taten von damals ist
der antrieb zur selbstvergebung
sondern die seelische blockade, die heute
herrscht.

Natürlich gab es zeiten, da auch wir selbst gedürstet haben und weit entfernt waren vom
glanz unserer lichtvollen kräfte
das waren die dunklen zeitalter, da wir umherirrten, um unser leben kämpften, fraßen und
gefressen wurden, da wir andere unterdrückten und selbst gebunden waren.

Das waren die zeiten, da unsere bösen
gedanken, gefühle und taten viele graue
schleier gewoben und um uns gelegt haben bis
die schichten der schuld und schulden dicht
und undurchdringlich geworden waren.

Schichten uralter erfahrungen sitzen uns
heute noch im zellgedächnis, in den knochen
und vermitteln uns das sichere gefühl der
unwürdigkeit, solange bis wir diese
informationen löschen.

Die möglichkeit sich jahrtausendelang asche
aufs eigene haupt zu streuen hat die evolution

nicht vorgesehen, einfach, weil dies keinen
sinn macht

und deshalb

sind wir irgendwann auf unserem reifeweg zur
selbstabsolution gezwungen, weil es sonst ein-
fach keinen schritt mehr weitergeht

die schuld und schulden die wir in vielen
epochen auf uns geladen haben
sind längst keine persönlichen angelegenheiten
mehr mit denen wir uns heute noch
herumschlagen müssten
von jeher waren es evolutionäre projekte
unserer seelengemeinschaft
mit jedem tod unserer körper sind diese
schulden auf das gemeinschaftskonto aller
seelen eingegangen
dafür haben wir die verantwortung zu
übernehmen
und zwar nicht im sinne der eigensühne

sondern der selbstvergebung

diese bewirkt zwar die löschung unserer per-
sönlichen schuld

doch darüber hinaus

und darum geht es wirklich

die umprogrammierung der kollektivschuld
in eine kollektive lichtkraft.

Auch hier gilt das prinzip
einer für alle – alle für einen
niemand ist verantwortlich für einzelheiten,
niemand trifft schuld
schuld ist illusion.

Doch jeder einzelne trägt einen teil der
verantwortung für das große ganze in sich
selbst
diese verantwortung ist realität und liebe.

Die frage ist nicht, was einst war
sondern wie es jetzt weitergehen soll
und das kann nur jeder für sich selbst
entscheiden.

Der dunkelsten stunden ältester zeiten
erinnern wir uns nicht
doch ihre geistigen hinterlassenschaften und
energetischen netze wirken in uns
subtil und lähmend

solange
bis wir sie erlöst haben

Diese dunklen stunden waren keine
persönlichen fehltritte
sondern notwendige phasen unserer gesamt-
dimensionalen und gemeinsamen
seelenentwicklung.

Wir durch andere und andere durch uns
machten unentwegt erfahrungen, an denen
alle reifen konnten.

Wir dürfen und müssen nun im zeitalter des
aufstiegs vergeben
damit die seelengemeinschaft als ganzes frei
wird

Gott und Göttin lieben uns
waren niemals zornig
sondern sind stolz auf uns.

Wir sind nicht ihre marionetten,
sondern ihre erben.

Und nun warten unsere geistigen familien
darauf, dass wir uns ihnen endlich in würde
wieder zuwenden

in selbstwürde.

Selbstvergebung löst
alle alten klebrigen netze auf
Selbstverwirklichung
bündelt alle neuen lichtkräfte und stahlt sie in
das feld der menschheit
Selbstverwirklichung
gibt uns die kraft und fähigkeit für uns selbst
da zu sein
und erst dadurch für alle menschen, die uns
brauchen.

Diese kristalline kraft strahlt aus uns hervor,
wenn die verdunkelungen, mit denen wir uns
selbst leben um leben verhüllt haben,
gewichen sind.

Und das, tun sie

JETZT

INVOKATION ZUR SELBSTVERGEBUNG

Ich vergebe mir selbst
Ich vergebe mir alle schmerzen, die ich mir selbst je zufügte
Bewusst oder unbewusst
Willentlich oder unwillentlich
In allen formen meines lebens, in allen räumen und dimensionen des seins
Ich vergebe mir selbst
Jegliches leid
Das anderen menschen durch mich entstand
In zeiten in denen ich selbst litt
Ich vergebe mir selbst
Von ganzem herzen
Ich vergebe mir selbst
In allen rollen, die ich jemals spielte
Allen schmerz, der in diesen spielen entstand
Ich vergebe dem lügner und der täuscherin in mir
Dem richter und dem henker, ich vergebe dem Spieler und der verführerin in mir
Allen masken, absichten und wesen des dunkels, die mir innewohnten
Entlasse ich JETZT ins licht

Ich vergebe mir dafür, dass ich die schönen Klänge des lebens viele zeitalter ignorierte

Dass ich lange zeit das sanfte licht verdunkelte
Ich vergebe mir dafür, dass ich die liebe der Menschen zurückwies
Sie und die tiere dieser erde quälte
Wissentlich oder unbewusst
Ich vergebe mir selbstverleumdung, missachtung und respektlosigkeit
gegen mich selbst und andere
Schuld, härte und verweigerung
Ich vergebe mir unwissenheit und abhängigkeit
Hilflosigkeit und seelische armut
Ich vergebe mir selbst von ganzem herzen, mit meiner ganzen liebe und meinem ganzen willen

Kraft meiner göttlichen Herkunft, meines göttlichen Erbes und meiner vollkommenen Verbindung mit der Quelle allen Seins
Mit der Hilfe und im Schutz aller großen Mütter, Väter, Brüder und Schwestern
Löse ich HIER UND JETZT alle dunklen fäden und netze
Die ich je gewoben habe

Ich vergebe mir selbst von ganzem herzen
Ich erteile mir selbst jene absolution, die mir kein priester die zeitalter hindurch erteilen konnte

Ich trete jetzt frei vor das angesicht gottes und der göttin und würdig meiner eigenen göttlichen präsenz kehre ich zurück in den kreis der grossen familie.

Ja, so sei es.
Danke.“

** mit geschätzter Genehmigung von Sabine Wolf in leicht veränderter Form. Das Original der Meditation (hier gesprochen von der Eibe) ist zu hören auf u-tube: „Selbstvergebung von Sabine Wolf“ siehe auch www.kristallmensch.net; (Anhang 5)*

Es galt noch ein paar Flüche aufzulösen, einige störende längst vergessene Eide, Gelübde und Versprechen wie einige Blockaden und Implantate, die endgültig ausgedient hatten, zu transformieren. Fremde Seelenanteile durften ins Licht zurückkehren und eigene, verlorene Seelenaspekte wieder sanft integriert. All diese Dinge geschahen und geschehen nach und nach, oft wie von selbst zur richtigen Zeit.

Die Intention wieder wahrhaft zu SEIN reicht aus, diese Wandlung in Gang zu setzen. Die

Werkzeuge die du dazu brauchst spielt dir deine Absicht stets in die Hände.

Jetzt dürfen wir die Welt jener Schöpfermächte, Gesetzmäßigkeiten und Kräfte entdecken, welche unseren Planeten beschützen, die dunkle Zeit in der wir alle in tausenden Facetten Opfer und Täter waren, loslassen, aufhören zu kämpfen und anfangen zu tanzen. Der Funke der kosmischen Liebe, der uns durch alle Stürme, Erdbeben und Härten geführt hat, entfaltet sich jetzt und heute zu einem wachsenden Pulsieren, welches die dunkelsten Netze und Verflechtungen in liebevolle kosmische Macht und Kraft verwandelt.

Indem ich mit der Aufmerksamkeit stets in meiner Mitte, meinem Herzen weile, werde ich durch mich selbst, durch meine Seele und mein göttliches Selbst zu allem geführt, was für mich wichtig, wertvoll, heilsam, freudig und transformierend ist. Ich erlange die Fähigkeit, alles was ist, immer allumfassender wahrzunehmen. Das spannendste Abenteuer beginnt: das Erwachen und die Entwicklung von Fähigkeiten, die alles übertreffen, was ich je zu erträumen wagte, bei mir und all den anderen Bäumen, die fest entschlossen sind, den Weg der Liebe zu gehen.

Ich lerne, dass es nicht unbedingt darum geht etwas ganz großes im Außen zu Stande zu bringen, sondern vielmehr darum, die innere Leuchtkraft, Verbundenheit und Liebesschwingung zu pflegen und in alle Richtungen hinaus- und hinein zu vibrieren. Dann ergibt sich alles wie von selbst. Sanftes aber unbeirrbar zentriertes Gewahrsein findet sein Echo im äußeren Tun und Werden, pflanzt sich wie eine stille Welle in aller Ruhe und gleichsam kompromisslos durch alle deine Sphären fort.

Die Erde ist ein riesiger Klangkörper, der dem Takt jedes liebevoll schlagenden Herzens immerzu antwortet. Je mehr Herzen sich genau darauf konzentrieren, je kräftiger wird die kosmische Harmonie.

NEUNTER KLANG – DIE KOSMISCHE BEFREIUNGSKLANGWELLE

Wenn ich hin und wieder mal ins Strudeln komme oder erschöpft bin, denke ich oft an Großmutters Worte: „Wenn ein ganzes Orchester mit Pauken und Trompeten die Arie vom toten Hund spielt, ist es schwierig, die Stimme der Sonate der Freude zu halten“ sie wippte dabei schunkelnd mit den Knien und lächelte. Das tat sie, als wir am Grab standen. An ihrem Grab. Ich freute mich so, weil Oma gerade so gut gelaunt war, dass ich zu singen begann und vor Freude hüpfte. Natürlich wurde ich scharf von den Erwachsenen zu Recht gewiesen, Begräbnisse sind traurig, weil da gestorben wird, basta. Oma gefiel das traurige Begräbnisgedudel überhaupt nicht.

Heute Nacht träume ich diese Szene mit Oma nochmal und dazu ihre Fortsetzung:
„Während Oma und ich heimlich ein anderes Lied beim Begräbnis summen, weil wir diesen Trauergesang einfach nicht mehr hören wollen, sehe ich plötzlich die Musiker aus verschiedenen Welten, die hier in einem Orchester spielen. Die einen spielen dröhnend laut ein trauriges Lied, die anderen, etwas leiser, ein

fröhliches. Auf einmal spielt das Orchester einen unglaublichen Kauderwelsch und ich erkenne keine der Melodien mehr richtig. 'Der Dirigent hat sich übergeben', murmeln die Zuhörer unter vorgehaltener Hand. Der Dirigent taumelt nun auf seinem Sockel auf und ab und alles kommt durcheinander. Wie es aussieht, machen ihm die Töne der fröhlichen Sonate, welche die traurige Arie immer mehr und mehr unterwandern, zu schaffen. Aus seinem Magen-Darm-Bereich kommen eigenartige laute Trompetentöne heraus, sehr unappetitlich.

Jetzt muss er taumelnd und aus dem Ende des Verdauungstraktes heraus wüst trompetend seinen erhabenen Platz räumen und eine Örtlichkeit aufsuchen, um sich diesbezüglich zu erleichtern. ‚Das sind die Trompeten seines Endes' sagt Oma neben mir, ‚was da aus dem herauskommt'. Ha! Ohne diesen Hampelmann spielen die Musiker der fröhlichen Melodie noch lauter und einstimmiger. Sieh einer an, und wie die das können! ‚Die fröhlichen Musiker spielen normalerweise überhaupt nur ohne einen Anführer', sagt Oma und mir fällt an ihrem Kostüm eine kleine Marienkäferbrosche auf während sie mir zuzwinkert. ‚Sie fühlen den Takt in ihrem Herzen und sind miteinander verbunden, sie sind innerlich geführt und somit gegen jegliche äußere Führung immun. Jeder, der sie um jeden Preis führen will, kippt durch ihre Musik früher oder später aus dem Hemd. Keine Chance!‘ und sie lacht laut.

Die Bonsaibläser, -geiger und -trompeter der düsteren Klänge fallen jetzt dafür komplett aus dem Takt und aus der Fassung. Zentriert, ruhig und mit zunehmendem innerem Lächeln steigern die Musiker des fröhlichen kosmischen Klanges nun Lautstärke und Intensität ihres Spiels. ‚Sie spielen die ewige Melodie. Sie schwingt in vollkommenem Einklang mit allem was ist‘, sagt Oma schunkelnd, ‚jene Melodie, die alle seit Anbeginn kennen.‘

Weil diese Melodie auch im Herzen der Bonsais verankert ist, fällt das ganze Orchester nach und nach - sogar die düstersten Hornbläser - sanft in diesen liebevollen Takt ein. Die Zuschauer summen mit.

Das Dirigentenpult ist mittlerweile vollständig demoliert, wo der Dirigent ist, weiß niemand. Das Orchester, die Bonsais wie die großen Bäume, formen jetzt einen Kreis, drehen sich in wunderschönen pulsierenden Spiralen. Eine

Energiewelle aus Liebe und Freude ergießt sich in alle Richtungen, unaufhörlich strahlend, schwelgend, tanzend. Diese wunderbare kosmische Klangmassage bewirkt, dass die kleinen Bonsais sich zu recken und zu strecken beginnen und wieder zu wahrer Größe erwachsen. Ich erlebe die unbeschreibliche, alle Zellen, Empfindungen und Sinne umfassende Verwandlung der ganzen Erde und ihrer Wesen in den wahrhaftigen und vollkommenen Ausdruck der Freude, der Liebe, des Friedens und des Glücks.

„Du Mami, was ist jetzt eigentlich mit dem Tinti passiert" auf diese unangenehme Frage war Mama nicht vorbereitet, sämtliche einst als noch so heilig angesehenen Lügenbücher machten jetzt natürlich keinen Sinn mehr.

„Weißt du", erwiderte sie nach einer kleinen Unendlichkeit und sie machte dazu noch eine lange Pause bevor sie fortfuhr „vielleicht war er nur sowas wie das Salz in der Suppe. Er hat sich aufgelöst, aber durch ihn schmeckt die Suppe des Lebens nun etwas würziger."

Sie schwieg und rührte die Suppe in ihrem Kochtopf.

„Bärlauchsuppe. Das ist gut für die Entgiftung“, sagte sie „schmeckt übrigens auch ohne Salz gut“. Ich lächelte und sie auch. Sie umarmte mich, wir weinten ein wenig, legten eine alte Schallplatte auf und fingen einfach an zu tanzen.

Seitdem singt und erklingt die ganze Erdensphäre voller Freude und Schönheit im kosmischen Klang der Liebe.

AUSKLANG

Impulse für deine lebendige Schöpferkraft

1.

Lass die Worte los, die du gelesen hast und alle, die du noch lesen wirst. Alles was zählt, ist die Bewegung deiner Seele, die Schritte, die sie macht, sobald sie zu schwingen beginnt. Sie braucht keinen Tanzlehrer, denn ihr ureigener Tanz ist es, was sie befreit.

2.

Gefühl und *Aufmerksamkeit* sind deine machtvollsten Schöpfungswerkzeuge.

Oft sind uns Gefühle lästig, wir wollen Wut, Hass, Neid und andere unangenehme Gefühle wegdrücken. Ein Gefühl hat immer eine Daseinsberechtigung und trägt Schöpferkraft in sich. Ein Gefühl, welches dir unangenehm ist: Nimm es an. Hör ihm zu. Atme es durch dein Herz. Wie ein schreiendes Baby bade es (mit deiner Aufmerksamkeit und deiner Vorstellungskraft) in deinem Herzen. Stell dir dein

Herzzentrum vor nach deinem Belieben, als Sonne, als Gral gefüllt mit dem heiligen Herzwasser der Transformation, als Licht, als Landschaft, Garten, Meer, vollkommen egal wie, du entscheidest.

In diesem visualisierten Herzzentrum badest, schwenkst oder lässt du das unangenehme Gefühl so lange bis es sich auflöst. Gib ihm eine Phantasieform wenn du magst, sei es ein Stein, ein Tier, eine Person, ein Symbol, eine Farbe.

Es beginnt vielleicht mit dir zu kommunizieren, stell ihm Fragen, sprich mit ihm. Es wird reagieren und sich verwandeln. Sende ihm Liebe. Dies ist eine der schönsten Tätigkeiten, die du dir vorstellen kannst.

Beginne gleich, lass dich nicht stören. Wenn deine Konzentration abschweift, versuche es wieder, mach alles spielerisch. Denke danach an keinen Erfolg, lass den Erfolgsdruck „ob es geklappt hat" vollkommen los, denn es klappt immer genau in dem Maß, welches dir jetzt gut tut. Probiere es aus. Sei einfach in den Stunden, Tagen, Wochen danach sehr bewusst und beobachte, was sich geändert hat und lass es los.

Die Ladung Energie die das dunkle Gefühl für sich beanspruchte steht dir nun wieder zur Verfügung.

3.

Rückholung von *Seelenaspekten.* Du hast schreckliche Erlebnisse gehabt in deinem Leben? Lade Seelenanteile, die sich damals von dir gespalten haben wieder ein in deinen Herztempel, trifft dich mit ihnen, umarme sie, tue ihnen in Gedanken Gutes, bade sie im Liebeswasser, gib Ihnen neue saubere Kleider, was immer, singe für sie, ja koche sogar für sie, was immer sie brauchen und atme sie dann wieder in deine Mitte, in dein Sein.

4.

Alles, worauf du deine Aufmerksamkeit richtest wächst, wird größer und manifestiert sich irgendwann.

Alles was du verdrängst, wächst auch.

Schenke ihm noch einmal deine Aufmerksamkeit in Liebe, solange wie nötig, und löse es im

Herzheilwasserbad auf oder nach deiner eigenen Art und Weise und nimm das Geschenk an, welches dir dieses „schreckliche, hässliche, gefährliche, unerwünschte, verdrängte“ Etwas dir dann macht, wenn es endlich gesehen wurde und somit erlöst, gelöst, befreit. Dann lass los.

Beobachte worauf du den ganzen Tag deine Aufmerksamkeit lenkst. Lenkst du deine Aufmerksamkeit selbst, oder wird sie sehr oft von jemandem oder etwas (ab)gelenkt. An welche Dinge denkst du, obwohl du es vielleicht gar nicht willst. Beginne deine Aufmerksamkeit zu beobachten. Nimm sie wahr, sie ist deine zweite machtvolle göttliche Gabe. Lerne, deine Aufmerksamkeit bewusst zu lenken und sie zu befreien aus den Marionettenfäden äußerer Manipulation. Deine Aufmerksamkeit wurde schon so früh programmiert, dass du jetzt oft den Eindruck hast „dieses und jenes“ sind meine Gedanken. Oft sind es aber Gedanken von anderen, die dir zu einem früheren Zeitpunkt nur so oft gesagt wurden, dass eines Tages dachtest, es seien deine eigenen. Beginne deine wirklich eigenen Gedanken zu denken und deine Aufmerksamkeit auf das zu richten, was du wirklich willst. Dies bedarf Zeit und

Hingabe, ja kontinuierliches! Training. Tausende Jahre alte Denkgewohnheiten brauchen etwas Zeit und liebevolle Konsequenz um sich zu ändern. Mache kleine Schritte, bleib dran, du wirst große Freude daran haben.

5.

Alles ist Liebe. Liebe ist keine Tat und kein Gefühl. *Liebe ist eine Kraft*. Liebe ist der „Stoff", die „Energie!" aus dem du und alles ist. Auch die dunklen Dinge? Ja, auch diese, wenngleich verkrümmt, verspiegelt, fragmentiert, doch sind sie immer noch - um wie viele verbogenen Ecken auch immer - am Ende mit der Liebe verbunden.

Du musst sie nur aus der Verdrehung wieder herauszwirbeln.

Herauszwirbeln beginnt, wenn sich etwas zu drehen, zu bewegen beginnt. Denke an Spiralen, weniger im Kreis. Der Liebesstrom mit dem du als Mensch verbunden bist, der Liebesstrom der du selbst BIST, ist so mächtig und groß, dass er alle dunklen Verwinkelungen und Windungen auflöst, denn nichts kann ihn aufhalten.

6.

Gehe in dein Herz mit deiner Aufmerksamkeit.

Wie fühlt es sich an? Lass alle Gedanken los.

Fühle die Verbindung mit der Urliebe, mit der Quelle allen Seins über dein Herz, beobachte was passiert, wenn du deine Aufmerksamkeit bewusst auf diese Verbindung, auf diesen Strom richtest.

Wenn du nicht gleich etwas fühlst, dann sei dir bewusst, dass du mit dieser bedingungslosen Urliebe verbunden bist, ein einziger Gedanke daran genügt. Wirst du unruhig, versuche deine Aufmerksamkeit einfach auf deinen Atem zu lenken, beobachte ihn liebevoll und aufmerksam. Lass ihn in dein Herz strömen. Mach dir keinen Stress und keine zeitlichen Vorgaben.

Mache dies immer wieder und du wirst sehen, wie der Strom der Liebe, deiner Urkraft, mit jedem Mal stärker und mächtiger wird, bis diese bewusste Übung zu einer ganz selbstverständlichen Grundhaltung, einem Grundbewusstsein wird, welches dich über alle Berge und Stromschnellen deines täglichen Lebens trägt.

7.

Du kannst dich selbst, andere Menschen, aber auch einzelne Organe, genauso wie Tiere, Themen, Gegenstände, Gebäude oder Fragen und Probleme, aber auch ganze Länder in deinem *Herzliebeslicht baden.* Probiere das aus, stelle es dir einfach vor und es geschieht. Du bist Schöpfer, du bist Liebe, erlebe deine unendliche Liebeskraft- und macht.

8.

Und: es gibt keinen Feind. Alles was dir begegnet ist ein Teil von dir, den du genauso mühelos er- oder auflösen kannst, wie die Gefühle, welche dir unangenehm sind oder Glaubenssätze, die dir das Leben schwer machten. Du kannst alles verwandeln. Alles ist möglich, weil du mit allem verbunden bist. Die Dienstzeit selbst der dunkelsten Schauspieler, die du einst auf deine Lebensbühne eingeladen hast um bestimmte Erfahrungen zu machen, ist irgendwann vorbei und du bist die Instanz, die sie aus ihrer Rolle entlässt.

Liebe ist die einzige Realität. Angst ist jene Illusion mit der dich machtlose Wesen knechten möchten.

Lebe dein wahres Wesen, lebe deine Kraft, erkenne deine Macht.

9.

Du bist wie ein Baum in so vieler Hinsicht. Fühle deine Äste und Wurzeln, sei ein vollbewusstes Verbindungsstück zwischen Himmel und Erde. Erde dich, barfuß gehen, geistig Wurzeln schlagen, liebe deinen Körper, tue ihm Gutes. Halte den Kontakt mit der Erde.

10.

Sprich mit den Bäumen, wie du auch mit Menschen sprichst, erzähle ihnen deinen Kummer, deine Sehnsucht, deine Wut, sie antworten dir. Du kannst mit ihnen, wie mit allem anderen auch kommunizieren, wenn du nicht die Möglichkeit hast, physisch in ihrer Nähe zu sein – Bäume und Menschen brauchen kein Internet, sie haben eines.

Denk an einen Baum, vielleicht an einen bestimmten, der dir besonders lieb ist und kommuniziere mit ihm. Du wirst überrascht sein, wie gut das funktioniert! Ein unlimitiertes Gesprächsguthaben mit allem was ist, seien es Pflanzen, Tiere, Steine, Sterne, Sonnen, was immer – ist dein Erbe. Und jeder hat zu einem ganz bestimmten Bereich einen „besonders heißen Draht". Finde es heraus, es macht Spaß!

11.

Du bist genial und brauchst eigentlich überhaupt keine Tipps noch irgendwelche Anleitungen, denn du wirst deinen ganz ureigenen Weg und deine ganz eigene Art und Weise finden, wie du die Dinge angehst. Sei echt. Entdecke dich selbst. Sei unlogisch und gehe den Dingen nach, die dein Herz zum hüpfen bringen.

12.

Das hast du alles schon versucht, seit Jahren? Du bist der ganzen Bewusstseinsübungen müde? Dann erhebe dich noch dieses eine Mal!

Denn JETZT ist die Zeit gekommen, wo jene Wunder, auf die du aus Müdigkeit, Erschöpfung oder Resignation fast nicht mehr zu hoffen wagtest, wahr werden.

Was vor Jahren nur mit Mühe oder gar nicht ging, geschieht jetzt in unserer neuen Schwingungsfrequenz wie von selbst. Nichts was du je getan hast, war umsonst. Erhebe dich noch dieses eine Mal, denn dafür bist du gekommen, zu erleben wie sich alle durchlebte Dunkelheit in reines Glück verwandelt.

Dies ist dein Erbe.

Viel Freude und Genuss beim Entdecken deines wahren, unendlich liebevollen Schöpferwesens, welches du bist!

WORTKLANG-HEILGEDICHTE

Die Gute-Nacht-Gesänge der Marienkäferdame

UNSER ERBE

Du darfst erfahren
Dass du aus der Ewigkeit kommst
Du darfst erfahren
Dass du in die Ewigkeit gehst
Du darfst erfahren
Dass du mit allem verbunden bist
Du darfst erfahren
Dass du gesegnet bist
Du darfst erfahren
Dass alles anders ist, als sie dir erzählt haben
Du darfst erfahren
Dass du frei von Schuld bist
Du darfst erfahren
Dass du mächtig bist
Du darfst erfahren
Dass du Schöpfer bist
Du darfst erfahren
Dass du Liebe bist

FÜHLEN

Die geliehenen Gefühle abstreifen
Die aufgesetzten Überzeugungen mutig über
Bord werfen
Ich darf erfahren, wer ich bin
Ich darf sein
Nicht so, wie mich andere wollen
Nicht so, wie mich andere gut gebrauchen
können
Ja
Ich darf sein
Denn nur wenn ich wahrhaft bin
So ist es auch meine Welt
Die fremden Gefühlsimplantate erkennen
Sie mit aller Macht aus mir herausschmeißen
Ins gleißende Licht der Sonne

Frei werden von all den Zangen
Die mich im Zaume hielten und gefügig für
Herrscher machten
Die uns Jahrtausende lang belogen und in die
Irre geführt
Glasklar denken, mutig denken,
Jedes Gefühl achtsam da sein lassen,
Egal wie unbequem es sein mag,
Denn es führt mich immer ans Ziel
Jene Seele zu sein, die ich wahrhaft bin

DIE MITTE

Ganz voll
Ganz leer
Du siehst mich nicht
Zwei Seiten zeig ich dir: das Licht –
Die Dunkelheit, die Schattenwelten
Das dritte soll dir heute gelten
Es ist das, was du niemals siehst
Doch stets und immer in dir spürst
Dein Atem zeigt dir hier den Weg
Zu mir, zum Zentrum, das dich hegt
Nur mit geschloss'nem Aug erkennbar
Mit Worten ganz und gar unfassbar
Bin ich der Funke Ewigkeit, der dich aus aller Schmach befreit
Der Funke, der mit Atemluft, verströmt seinen erlösend Duft
Tritt ein in deinen heil'gen Garten
Dort alle Schätze auf dich warten
Tritt ein in Stille – ohne Scheu
Erhebe dich – und ohne Reu
Lass los die Illusion der Angst
Ich zeige dir, was du jetzt kannst
Tritt an dein wohl verdientes Erbe
Tritt ein und atme, heile, lebe
Der Kampf ist nun endlich vorbei
Du bist am Ziel, du bist jetzt frei

Wann immer du dies hier vergisst
Und mich wann immer mal vermisst
Mach einfach deine Augen zu
Und atme still in aller Ruh
Ins Zentrum deiner Herzensmitte
Öffne das Tor zur Weltenbrücke

ALLES FÜHLEN

Heißt nicht allem gleich zu werden
Heißt nicht immer ja zu sagen, doch
Ja zu sich in aller scheinbaren Verschieden-
heit und Gegensätzlichkeit
Ja zum inneren Nein und dem folgen
Klar sehen
Dass alles sein darf und ich entscheide
Was in meinem Universum ist und bleibt
Auch ohne Erklärungen
Der inneren Stimme folgen
Kompromisslos vertrauen
Die Illusion der Angst durchbrechen
Sie gehen lassen
Wie einen alten Stock
Den niemand mehr braucht

NACH ALL DEN JAHREN

Nach all den Jahren
trennender Geschäftigkeit
ablenkender Notwendigkeiten
den Schmerz fühlen
all die Liebe, die nie ans Ziel kam
all die Worte, die nie gesagt werden durften
die zerschlagene Heimat offenen Auges
ansehen
Heilende Tränen vergießen
Die Trümmer umarmen und endlich
mit unendlicher Hitze
schmelzen
Alle Spitzen, alle Wunden auflösen im
Liebesbad der eigenen Seele
die ihre Urkraft wieder entdeckt

SCHWESTER SCHMETTERLING

schwester, schöner schmetterling
zerschmetterst sanft, mit einem bling
die dunklen nebel alter zeiten
lässt kriege mit sich selber streiten
du schreitest wie mit leichtem fuss
einher und freundlich stets mit gruss
belächelst du der welten toben
denn freude werden wir geloben

mit kühner geste locker lächelnd
und manchmal mit dem besen wachelnd
stets unterwegs in allen gassen
sind wir in wahrheit kaum zu fassen

im buntesten der universen
ist uns gar keiner auf den fersen
denn viel zu schnell sind wir verwandelt
manch schlauer, der zu spät dann handelt
sein nachsehn hat, denn ganz verbandelt

sind wir stets mit sonnenlicht
das sich in tausend farben bricht
wenn wir auftauchen tänzerisch
und bitten zu erfinderisch

vollkommen neuen uferstränden

und traumhaft anderen geländen
wo liebe, freude, freiheit walten
und menschen sich an händen halten

die grad noch zorn im sinne hatten
nun chillig in der hänge matten
sich krieg und frieden einerlei
sein lassen und den alten brei

nun endlich auf den alten haufen
schmeißen und sich nicht mehr raufen
wozu auch - wo doch alles eins
nun endlich ist und alle seins

nach kosmisch rhythmus ewig klang
erheben sich zum wohlgesang

ANHANG

Anhang 1 (Seite 50, 56, 60) Bibelstellen

Jesaja 13:16

„Ihre Kinder werden vor ihren Augen zerschmettert, ihre Häuser geplündert und ihre Frauen geschändet werden."

5. Mose 2: 34-35

„Da nahmen wir zu der Zeit alle seine Städte ein und vollstreckten den Bann an allen Städten, an Männern, an Frauen und Kindern und ließen niemanden übrig."

4. Mose 23:22

„Gott hat sie aus Ägypten geführt, er hat Hörner wie ein Wildstier"

1. Samuel 15:3

„So zieh nun hin und schlag Amalek und vollstrecke den Bann an ihm und an allem, was es hat; verschone es nicht, sondern täte Mann und Frau, Kinder und Säuglinge, Rinder und Schafe, Kamele und Esel."

Josua 11:14

„Und die ganze Beute dieser Städte und das Vieh nahmen die Israeliten für sich; die Menschen aber erschlugen sie mit der Schärfe des Schwerts und rotteten sie völlig aus. Keinen Lebenshauch ließen sie übrig."

5. Mose 20:16-17

„Aber in den Städten dieser Völker hier, die dir der HERR, dein Gott, zum Erbe geben wird, sollst du nichts leben lassen, was Odem hat, sondern sollst an ihnen den Bann vollstrecken, nämlich an den Hetitern, Amoritern, Kanaanitern, Perisitern, Hiwitern und Jebusitern, wie dir der HERR, dein Gott, geboten hat, ..."

5. Mose 7:16

„Du wirst alle Völker vertilgen, die der HERR, dein Gott, für dich bestimmt hat ..."

5. Mose 7:22

„Er, der HERR, dein Gott, wird diese Leute ausrotten vor dir, einzeln nacheinander ..."

Offenbarung 19:17, 18

„Kommt, versammelt euch zu dem großen Mahl Gottes und esst das Fleisch der Könige und der Hauptleute und das Fleisch der Starken und der Pferde und derer, die darauf sitzen und das Fleisch aller Freien und Sklaven, der Kleinen und der Großen!“

2. Könige 10:6

„Wenn ihr zu mir haltet und meiner Stimme gehorcht, so nehmt die Köpfe der Söhne eures Herrn und bringt sie zu mir (...)“.

Lukas 19:27

„Doch jene meine Feinde, die nicht wollten, dass ich über sie herrschen sollte, bringet her und erschlagt sie vor mir!“

5. Mose 28:63

„So wie der Herr seine Freude daran hatte, auch Gutes zu tun und euch zahlreich zu machen, so wird der Herr seine Freude daran haben, euch auszutilgen und euch zu vernichten.“

2. Könige 2:23

„Und als er den Weg hinan ging, kamen kleine Knaben zur Stadt heraus und verspotteten ihn und sprachen zu ihm: Kahlkopf, komm herauf! Kahlkopf, komm herauf! Und er wandte sich um, und als er sie sah, verfluchte er sie im Namen des HERRN. Da kamen zwei Bären aus dem Walde und zerrissen zweiundvierzig von den Kindern.“

4. Mose 24:8

„Er hat Hörner wie ein Wildstier. Er frisst die Nationen, die ihm Feind sind, er zermalmt ihre Knochen.“

5. Mose 32: 40-42

„Denn ich will meine Hand in den Himmel heben und will sagen: ich lebe ewiglich. Wenn ich den Blitz meines Schwerts wetzen werde und meine Hand zur Strafe greifen wird, so will ich mich wieder rächen an meinen Feinden und denen, die mich hassen, vergelten. Ich will meine Pfeile mit Blut trunken machen und mein Schwert soll Fleisch fressen, mit dem Blut der Erschlagenen und Gefangenen, von dem entblößten Haupt des Feindes.“

Hosea 14:1

„Samaria muss Büßen, weil es sich empört hat gegen seinen Gott. Umkommen werden sie durch das Schwert, ihre kleinen Kinder zerschmettert und ihre Schwangeren aufgeschlitzt."

5. Mose 13:1

„Ihr sollt auf den vollständigen Wortlaut dessen worauf ich (Jahwe) euch verpflichtete achten und euch daran halten, ihr sollt nichts hinzufügen und nichts wegnehmen."

Matthäus 5:17

„Denkt nicht, ich bin gekommen, um das Gesetz und die Propheten aufzuheben. Ich (Jesus) bin nicht gekommen aufzuheben, sondern zu erfüllen. Amen, das sage ich euch, bis Himmel und Erde vergehen, denn kein Jota und kein Häkchen des Gesetzes wird vergehen, bis alles geschehen ist."

Jesaja 34:2-8

„Denn der Herr ist zornig über alle Heiden und grimmig über all ihr Heer; er wird sie verbannen und zum Schlachten überantworten. Und ihre Erschlagenen werden hingeworfen werden, dass der Gestank von ihren Leichnamen aufgehen wird und die Berge mit ihrem Blut fließen.

Und wird alles Heer des Himmels verfaulen und der Himmel wird zusammengerollt werden wie ein Buch und all sein Heer verwelken, wie ein Blatt verwelket am

Weinstock und wie ein dürr Blatt am Feigenbaum. Denn mein Schwert ist trunken im Himmel und siehe, es wird herniederfahren auf Edom und über das verbannte Volk zur Strafe. Des Herrn Schwert ist voll Bluts und dick von Fett, vom Blut der Lämmer und Böcke, von der Nieren Fett aus den Widdern; denn der Herr hält ein Schlachten zu Bozra und ein großes Würgen im Lande Edom.

Da werden die Einhörner samt ihnen herunter müssen und die Karren samt den gemästeten Ochsen. Denn ihr Land wird trunken werden von Blut, und ihre Erde dick werden von Fett. Denn es ist der Tag der Rache des Herrn und das Jahr der Vergeltung zu rächen Zion.“

2. Samuel 12:11, 1. Mose 19:4-8, 2. Mose 32:25-29, Lukas 14:26, Lukas 12:51-53 usw. usf.

Anhang 2 (S. 50, 56, 60, 76)

Brandopferung einer jungfräulichen Tochter: Richter 11:30-40 (hebräisch/englisch Interlinear: oule, olah = aufsteigendes Opfer, Brandopfer)

Steinigung eines störrischen Sohnes: 5. Mose 21: 18-21

Ermordung aller Erstgeborenen im Land: 2. Mose 11:5 und 12:29

Genehmigte und befohlene Vergewaltigungen: Samuel 12:11, Richter 19:24

Tötung von 40 frechen Kindern durch einen von Gott gesandten Killerbären:2. Könige 2:23-24

Lesen Sie die Bibel in verschiedenen Übersetzungsvarianten inklusive Vulgata, Septuaginta online auf www.bibelserver.com

Die hier zitierten Bibelübersetzungen sind:

Einheitsübersetzung 2016, Luther 2017, Schlachter 2000, Hebrew Iterlinear Bible

Empfehlenswerte Beiträge und Stichworte zum Thema:

Bücher sowie Beiträge auf utube Erhard Zauner „Die unheilige Schrift", seine Bücher wie „Die Kriminalgeschichte von Jahwe und seinem auserwählten Volk" u.a.

Dokumentationen utube „Die gefälschte Bibel", „Reinkarnation im Christentum", siehe auch: Die verborgenen Evangelien, Das Konzil von Nicäa, Das Buch Henoch, die Pistis Sofia, die Schriften von Nag Hamadi, Qumran uvm.

Anhang 3 (S. 79)

Siehe Stichworte, Themen, Beiträge zum Beispiel zu „Quantenphysik", „Biophotonenlehre", Nassim Haramein etc.

Anhang 4 (S.83)

Zu den Themen Codex Alimentarius, Geoengineering, Haarp, Impfungen, Pharmalobby, Elektro- u. Mobilfunksmog etc. möge sich jeder selbst informieren, nur im angemessenen Maße, denn sämtliche Werkzeuge funktionieren durch die planetare Schwingungsanhebung ohnehin nicht mehr so wie geplant und wir wollen diesen ehemaligen Knebelwerkzeugen nicht mehr Aufmerksamkeit und somit Kraft als nötig schenken. Wunderbare Informationskanäle auf utube wie Querdenken tv, Wissensmanufaktur, Neue Horizonte, Stoner frank & frei, Nuo Viso und viele mehr.

Anhang 5 S. 110

Das Original der Meditation von Sabine Wolf ist zu hören auf utube „Selbstvergebung von Sabine Wolf"; Audios und weitere Beiträge in der Internetschule von kristallmensch.net

Anhang 6 S. 50

Autoren und Vortragende zum Thema Kosmische Wende: Wolfgang Wiedergut, Armin Risi, Santos Bonacci, Dieter Broers, Sabine Wolf, u.v.m.

Printed in Poland
by Amazon Fulfillment
Poland Sp. z o.o., Wrocław

50717462R00087